Rudolf Zender

Die Magie im englischen Drama des Elisabethanischen Zeitalters

unikum

Rudolf Zender

Die Magie im englischen Drama des Elisabethanischen Zeitalters

---

ISBN/EAN: 9783845790213

Erscheinungsjahr: 2012

Erscheinungsort: Bremen, Deutschland

www.unikum-verlag.de | office@unikum-verlag.de

Rudolf Zender

Die Magie im englischen Drama des Elisabethanischen Zeitalters

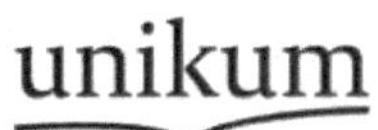

Die Magie im Englischen Drama des Elisabethanischen Zeitalters.

Inaugural-Dissertation

zur

Erlangung der Doktorwürde

vorgelegt von

Rudolf Zender

Halle a. S.
Buchdruckerei Hohmann
1907.

Benützte Texte.

Dodsley, Robert: Old English Plays. 15 vols. published by W. C. Hazlitt. London 1874—76.

Lyly, John: Works. Ed. Bond. Oxford 1902.

Kyd, Thomas: Works. Ed. Boas. Oxford 1901.

Greene, Robert and Peele, George: } Works. Ed. Dyce. London 1861.

Greene: Friar Bacon and Friar Bungay. Ed. together with Marlowe's Dr. Faustus by Ward. Oxford 1887.

Marlowe, Christopher: Ed. Bullen. London 1895.

" " Doctor Faustus: siehe Greene.

" " Doctor Faustus: Ausg. von Breymann. Heilbronn 1885.

Munday, Anthony: John a Kent and John a Cumber. Ed. Collier. Old. Shak. Soc. 1851.

" " The Two Italian Gentlemen, in Halliwell's Literature of the 16th and 17th centuries. London 1856.

Shakespeare, William: Works. The Globe Edition. London 1900.

" " Doubtful Plays: The Merry Devil of Edmonton. Ausg. von Warnke und Proescholdt in den Pseudo-Shak. Plays. Bd. II. Halle 1884.

Jonson, Ben: Works. Ed. Cunningham. London 1875.

" " The Alcumist. Ed. Hathaway, in den Yale Studies in English. vol XVII. New-York 1903.

Chapman, George: Plays. Ed. Shepherd. London 1874.

Dekker, Thomas: Dramatic Works. London 1873.

" " Olde Fortunatus. Ausg. von Scherer. Münchener Beiträge. Bd. XXI. 1901.

Marston, John: Works. Ed. Bullen London 1887. 3 vols.

Middleton, Thomas: Works. Ed Dyce. London 1840. 5 vols.

Rowley, William: The Birth of Merlin. Ed Warnke and Proescholdt. Pseudo-Shak. Plays. vol. IV. Halle 1887.

Heywood, Thomas: Dramatic Works. (John Pearson.) London 1874. 6 vols.

Massinger, Philip: Works. Ed. Cunningham. London 1897.
Ford, John: Works. Ed. Dyce. London 1869. 3 vols.
Webster, John: Works. Ed. Dyce. London 1857.
Shirley, James: The Traitor. British Dramatists. Ed. Kettle. London 1875.
Barnes, Barnabe: The Devil's Charter. Ed. McKerrow. Bangs Materialien. Bd. VII. Louvain 1904.
Tourneur, Cyril: Plays and Poems. Ed. Collins. London 1878. 2 vols.
Beaumont and Fletcher: Works. Ed. Darley. London 1859. 2 vols.
Chaucer: Complete Works. Ed. Skeat. Oxford 1906.

Inhalt.

Abkürzungen.

Gr.	= Greene.	Chr. M.	= Christopher Marlowe.
P.	= Peele.	Th. M.	= Thomas Middleton.
Sh.	= Shakespeare.	B. J.	= Ben Jonson.
Ch.	= Chapman.	W. R.	= William Rowley.
Mass.	= Massinger.	J. F.	= John Ford.
Shr.	= Shirley.	J. W.	= John Webster.
Fl.	= Fletcher.	A. M.	= Anthony Munday.
J. L.	= John Lyly.	Th. D.	= Thomas Dekker.
Th. K.	= Thomas Kyd.	Th. H.	= Thomas Heywood.

Ado = Sh. Much Ado about Nothing.
Alb. = Tomkis. Albumazar.
Alc. = B. J. The Alchemist.
All's. = Sh. All's well that Ends well.
Alph. = Ch. Alphonsus, Emperor of Germany.
Ant. = Sh. Antony and Cleopatra.
Arr. of P. = P. The Arraignment of Paris.
Ath = Tourneur. The Atheist's Tragedy.
Bl. Beg. = Ch. The Blind Beggar of Alexandria.
B. C. = Ch. Byron's Conspiracy.
B. d'A. = Ch. Bussy d'Ambois.
Bl. Br. = Fl. The Bloody Brothers.
B. of M. = W. R. The Birth of Merlin.
Ch. = Fl. The Chances.
C. M. = Mass. The City Madam.
Caes. = Sh. Julius Caesar.
Com. Hist. = Gr. The Comical History of Alphonsus, King of Arragon.
Cor. = Sh. Coriolanus.
Cymb. = Sh. Cymbeline.
D. Ch. = Barnes. The Devil's Charter.
D. of M. = J. W. The Tragedy of the Duchess of Malfi.

End. = J. L. Endimion or the Man in the Moon.
Err. = Sh. The Comedy of Errors.
F. = Chr. M. The Tragical History of Dr. Faustus.
F. M. J. = Fl The Fair Maid of the Inn.
F. of L. = Th. M. The Family of Love.
Fr. Bac. = Gr. The Honourable History of Friar Bacon and Friar Bungay.
Gall. = J. L. Gallathea
Gent. = Sh. The Two Gentlemen of Verona.
Hml. = Sh. Hamlet.
Hum.Lieut = Fl. The Humorous Lieutenant.
H 6 A. = Sh. The First part of Henry VI.
H 6 B. = Sh. The Second part of Henry VI.
J. F. = Gr. James the Fourth.
J. K. = A. M. John a Kent and John a Cumber.
J. of M. = Chr. M The Jew of Malta.
John. = Sh. The Life and Death of King John.
Ital. Gent = A. M. The Two Italian Gentlemen.
L. L. L. = Sh. Love's Labour's Lost.
L. Gl. = Gr. A. Looking glass for London and England
Lr. = Sh. King Lear.
M. M-M. = J. C. The Two Merry Milke-Maids.
M. B. = J. L. Mother Bombie.
M. D. = The Merry Devil of Edmonton.
M. D. W. = Th. M. More Dissemblers besides Women.
M. L. = Th. D. Match me in London.
M. Kn. = Peele and Wilson. A Merry Knack to know a Knave.
Merch. = Sh. The Merchant of Venice.
Mids. = Sh A. Midsummernight's Dream.
N. Gent. = Fl. The Noble Gentlemen.
O. F. = Th D. The Pleasant Comedy of Olde Fortunatus.
O. W. T. = P. The Old Wives' Tale.
Orl. Fur. = Gr. Orlando Furioso.
Oth. = Sh. Othello, the Moor of Venice.
Per. = Sh. Pericles.
R. 2. = Sh. The Tragedy of King Richard II.
R. 2. = Sh. The Tragedy of King Richard III.
R. Tr. = The Rare Triumphs of Love and Fortune.
Rev.of Hon = Ch. The Revenge of Honour.
Rom. = Sh. Romeo and Juliet.
S. Cl. = P The History of Sir Clyomon and Sir Clamydes.
S. Ph. = J. L. Sapho and Phao.

S. Sh. = B. J. The Sad Shepherd.
Shr. = Sh. The Taming of the Shrew.
Tit. = Sh. Titus Andronicus.
Tp. = Sh. The Tempest.
Tr. = Shr. The Traitor.
Troil = Sh. Troilus and Cressida.
U. C. = Mass. The Unnatural Combat.
V. = B. J. Volpone or the Fox.
Wh. Dev. = J. W. The White Devil.
Wh.of Bab.= Th. D. The Whore of Babylon.
Wint. = Sh. The Winter's Tale.
Wiv. = Sh. The Merry Wives of Windsor.
W. of K. = Th. D. The Wonder of a Kingdome.
W.-W.of H.= Th. H. The Wise-Woman of Hogsdon.
W.-G. Ch. = Fl. The Wild-Goose Chase.

Einleitung.

Das Wunderbare im Elisabethanischen Drama. Empfänglichkeit des Volkes für die Magie. Dramatische Verwendbarkeit der Zauberer. Die unter den Begriff der Magie fallenden Erscheinungen.

Wenn wir die englischen Dramen des Elisabethanischen Zeitalters durchlesen, so kann uns wohl kaum die Tatsache entgehen, daß das übernatürliche Element, das Wunderbare, eine überaus große Berücksichtigung in ihnen gefunden hat. Wir blicken in die geheimnisvolle Welt der Geister, der Feen und Elfen, der Sirenen und Nymphen, der Gespenster und Dämonen, in die magische Welt der Hexen, der Zauberer und Beschwörer, der Alchimisten, Astrologen und Wahrsager jeglicher Art.

Da haben wir Elfen in Lyly's "Endimion" (1588), Greene's "James the Fourth" (1590), Shakespeare's "Midsummernight's Dream" (1600), Randolph's "Amyntas; or The Impossible Dowry" (pr. 1638) und in der anonymen Tragödie "Lust's Dominion" (pr. 1657).

Hexen treiben ihr Wesen in Middleton's "Witch" und Shakespeare's "Macbeth", in Ben Jonson's "Sad Shepherd" und Heywood's "Late Lankashire Witches; in Stücken endlich wie "The Witch of Edmonton"; "The Witch of Islington"; "The Witch Traveller" und "The Witch of the Woodlands".

Der Geist erscheint in beinahe vierzig Stücken jener Zeit, z. B. in Hamlet, Jul. Caesar, Macbeth, Misfortunes of Arthur, The Atheist's Tragedy, Grim the Collier, Spanish Tragedy, The White Devil, Revenge of Bussy d'Ambois, The Unnaturel Combat u. a. m.

Der Teufel spielt außer in den Zauberdramen noch eine Rolle in: Haughton's "Devil and his Dame" (1600); Dekker's "If this be not a Good Play, the Diuill is in it" (1612); Ben

Jonson's "The Devil is an Ass" (1616) und in "The Devil of Dowgate" (1623).

Es ist bisher erst über eine Art dieser Erscheinungen eine zusammenfassende Arbeit erschienen und zwar von Dr. Karl Ankenbrand über „Die Figur des Geistes im Drama der Englischen Renaissance". Leipzig 1906. Arbeiten über die Hexen und Elfen sowie über die Figur des Teufels im Elisabethanischen Drama werden demnächst hier erscheinen, und die Magie endlich soll Gegenstand der vorliegenden Untersuchung sein.

Der Glaube an die Möglichkeit der Magie und ihrer Künste hat wohl niemals eine größere Rolle gespielt in dem Ideengehalt des englischen Volkes als gerade im sechzehnten Jahrhundert und zu Anfang des siebzehnten. Da saß das Volk um das Kaminfeuer geschart und vertrieb sich die langen Winterabende mit den Geschichten von Zauberern und Geistern. An diesen Brauch, den Bourne in seinen "Antiquities" pp. 113—123 veranschaulicht, werden wir verschiedentlich im Elisabethanischen Drama erinnert, z. B. in Lyly's S. Ph. (II. 1); in Peele's O. W. T. (Dyce p. 446); oder in Marlowe's J. of M., wo es heißt (II. 1):

Bar. "Now I remember those old women's words,
Who in my wealth would tell me winter's tales
And speak of spirits and ghosts that glide by night
About the place where treasure has been hid."

Die überaus große Empfänglichkeit des damaligen Volkes für alles Magische und Zauberhafte wird allgemein fast nur aus den kulturellen Verhältnissen Englands im 16. und 17. Jahrhundert erklärt; doch es kamen gerade in jener Zeit noch wichtige Momente hinzu, die das Volk in seiner Ueberzeugung von der Möglichkeit der Geheimwissenschaften bestärken mußten. In Betracht kommen vor allem: die Popularisierung [1]) der magischen Wissenschaften, wodurch die ganze gelehrte Magie des Mittelalters dem Volke in populären Zauberbüchern [2]) zugänglich

---

[1]) Lehmann, A. u. Z. pp 190 ff.

[2]) Scheibles Kloster. Bde. III—V.

gemacht wurde; ferner das Auftreten zahlloser Volksschriften (chap-books, story-books, penny-histories), die sich der abenteuerlichen Berichte von Zauberern und Forschern vergangener Jahrhunderte bemächtigten [1]); endlich die sog. "News out of Germany", d. h. zahlreiche Zaubergeschichten, die im 16. Jahrhundert aus Deutschland, aus der Heimat eines Albertus und Agrippa, eines Paracelsus und Doctor Faustus, nach England drangen [2]).

Wohl machten sich warnende Stimmen gegen den Aberglauben der Zeit geltend, in zahllosen Flugschriften, oder in Büchern wie R. Scot's "Discoverie of Witchcraft" (1584) und Mason's "Anatomie of Melancholy" (1602); doch wirkungslos verhallte jeder Warnungsruf in der von der Magie entzückten Menge. Zu sehr war der Glaube an die Zauberei mit den Anschauungen des Volkes verwachsen, ja er hatte um so tiefer Wurzel gefaßt, seit King James I. durch seine "Demonology" (1603) sich dem Glauben seines Volkes angeschlossen und so die Magie zu einem „Gegenstande der Mode und des Interesses" gemacht hatte.

Der Zauberer bleibt trotz aller magischen Operationen und trotz aller übernatürlichen Wirkungen, die er hervorbringt, immer nur ein Mensch, der ohne Geister oder ohne Zauberbücher nicht viel vermag. Die Dramatiker konnten ihn daher als Hauptcharakter auftreten lassen, ohne gegen die Regeln des Dramas zu verstoßen, das sich ja nur mit Menschen befassen soll [3]). Während also der Geist nur in Nebenrollen Verwendung finden durfte und angewandt wurde teils als Stimmungsfigur oder erregendes Moment, teils um den Höhepunkt des Dramas hervorzuheben und auf die Katastrophe vorzubereiten etc. [4]), war der Zauberer geeignet, in einer Hauptrolle zu erscheinen und die Schürzung oder Lösung des dramatischen Knotens zu übernehmen.

---

[1]) vgl. Collier's Ausg. von Mundays J. K. p. XIV.

[2]) Ward, Faustausg. p. XXXV.

[3]) G Freytag, Technik des Dramas. Leipzig 1887. p. 50.

[4]) Ankenbrand, Figur des Geistes. pp 4—5.

Was die unter den Begriff der Magie fallenden Erscheinungen angeht, so habe ich nach Lehmanns Abhandlung über Aberglauben und Zauberei [1]) folgende Zweiteilung durchgeführt:

I. Wunderbare Handlungen, die nur mit Hilfe der Geister zustande kommen (Tätigkeit der Beschwörer, Theurgie, Necromantie), und

II. Wunderbare Wirkungen, die durch Kenntnis übernatürlicher, geheimnisvoller Mittel oder durch Kenntnis der geheimen Kräfte der Natur erzielt werden, zum Teil unter Anwendung gewisser Formeln und Zeremonien, ohne jede Hilfe der Geister (Tätigkeit der Zauberkünstler, die Auguralwissenschaften und die Alchimie).

Für den Gang der Untersuchung sind außer Lehmann noch folgende Werke herangezogen worden: Ennemoser's History of Magic, translated by W. Howitt. London 1854; A. Maury, La Magie et l'Astrologie dans l'antiquité et au moyen âge. 4ième édition. Paris 1877; Regnault, La Sorcellerie, ses rapports avec les sciences biologiques. Paris 1897; W. C. Hazlitt, Popular Antiquities of Great Britain. London 1870; Jacobus, Rex Magnae Britanniae. Opera, edita a Jacob Montacuto 1619; Reginald Scot, Discouerie of Witchcraft. London 1651. Die Wunder- und Kuriositätenliteratur in Scheibles Kloster. Bde. I—XIII. Stuttgart 1846—51; Grässe, Bibliotheca magica et pneumatica. Leipzig 1843; N. Drake, Shakespeare and his Times. London 1817.

[1]) Aus dem Dänischen übersetzt von Dr. Petersen. Stuttgart 1898.

Erster Teil.

Kapitel I.

Uebersicht über die Zauberdramen und ihre Einteilung.

Die Dramatiker des Elisabethanischen Zeitalters kannten gar wohl das fruchtbare Feld, das sich ihnen aufgetan hatte, und sie beeilten sich, die große Empfänglichkeit des Volkes für alles Magische in ihren Dramen zu berücksichtigen und die seinem Gedächtnis eingeprägten Vorstellungen und Berichte von Zauberern aufzugreifen. Und wie überhaupt die Größe der Dramatiker jener Zeit darauf beruht, daß sie ihre Stücke "in fullest sympathy with the whole people"[1]) schrieben, so verfolgten sie auch hier vornehmlich den Zweck, dem Geschmacke des Volkes zu entsprechen durch die Entfaltung einer berauschenden Zauberwelt vor den Augen der von der Magie begeisterten Menge.

Es war ihnen in der Geschichte der Zauberer ein doppelter Stoff zur Bearbeitung gegeben. Entweder konnten sie bei einer tieferen Auffassung den inneren Konflikt des Zauberers in einer Tragödie zur Darstellung bringen[2]), oder aber, sie konnten mehr die äußerlichen Momente in Betracht ziehen und die Geschichte eines Zauberers sowie seine Zauberkunststücke in einer Komödie verwenden. Der ersten Auffassung sind nur Marlowe und Barnabe Barnes gerecht geworden, die den vorgefundenen Stoff zu den Tragödien "Doctor Faustus" und "The Devil's Charter" gestalteten. Zwar wurde die Zauberei von Shakespeare in lauter ernste Stücke aufgenommen (Tempest, Macbeth, Henry VI.), doch

---

[1]) H. Ellis, Marlowe's Best Plays. London 1887. p. XX.

[2]) Vgl. v. d. Velde, Einleitung zur Uebers. von Marlowes Faust. Breslau 1870.

diente sie seinen Vorgängern und seinen Nachfolgern hauptsächlich als Komödienmotiv. So bot sich wohl eine bessere Gelegenheit, dem Geschmacke der großen Menge Rechnung zu tragen.

Es ergibt sich demnach folgende chronologische Reihenfolge von Stücken[1]), in die das Motiv der Zauberei seinen Einzug hielt:

1. The Rare Triumphs of Love and Fortune. 1582. Dodsley. vol. VI.
2. The Two Italian Gentlemen. Vf. A. Munday. 1584. gedr. in Halliwell's Lit. of the 16th and 17th centuries 1856.
3. Endimion, The Man in the Moon. Court-Comedy. Vf. John Lyly. 1588. Dramatic Works, vol III.
4. The Tragical History of Doctor Faustus. Vf. Chr. Marlowe c. 1588/89.
5. The Honourable History of Friar Bacon and Friar Bungay. Vf. Greene 1589.
6. The Comedy of Errors Vf Shakespeare 1589?
7. The History of Orlando Furioso. Vf. Greene. act. 1591 pr. 1594.
8. The Comical History of Alphonsus, King of Arragon. Vf. Greene. act. 1592. pr. 1599.
9. A Looking Glass for London and England. Vf. Greene and Lodge. act. 1592.
10. A Merry Knack to know a Knave. Comedy. act. 1592. Vf. Peele and Wilson. Dodsley vol VI.
11. The History of Sir Clyomon and Sir Clamydes. Vf. Peele. c. 1594.
12. The Second Part of Henry VI. Vf. Shakespeare. 1594.
13. The Old Wives' Tale. Vf Peele. vor 1595.
14. John a Kent and John a Cumber. Comedy. Vf. A Munday. pr. 1595. Ed. Collier. 1851.
15. The Pleasant Comedy of Olde Fortunatus. Vf. Thomas Dekker lic. 1599.
16. The Devil's Charter. A Tragedie Conteining the Life and Death of Pope Alexander the Sixt. Vf B. Barnes. 1607.
17. Bussy d'Ambois. Tragedy. Vf. George Chapman. 1607.
18. The Whore of Babylon. Vf Th. Dekker. pr. 1607. Dramatic Works, vol. II.

---

[1]) Die Ausgaben der Zauberdramen sind größtenteils schon unter den Benützten Texten pp. 5—6 angegeben worden.

19. Family of Love. Vf. Middleton. pr. 1608. Dramatic Works, vol. II.
20. A Mad World, my Masters. Vf. Middleton. pr. 1608. Dramatic Works, vol. II.
21. The Merry Devil of Edmonton. Vf.: attributed to Shakespeare pr. 1608. Dodsley, vol. V; Ancient British Drama, vol. II. Pseudo-Shakespearian Plays. Ed. Warnke and Proescholdt. Halle 1884. vol. II.
22. The Atheist's Tragedie. Vf. Cyril Tourneur. 1611.
23. The Tempest. Vf. Shakespeare. 1611.
24. The Chances. Comedy. Vf. Fletcher. c. 1611. pr. 1647.
25. The White Devil; or, Vittoria Coromba. Vf. John Webster. act. 1612.
26. The Humorous Lieutenant. Vf. Fletcher. 1619.
27. The Two Merry Milke-Maids. Comedie, written by J. C. London 1620.
28. The Birth of Merlin. Tragi-comedy. Vf. W. Rowley. c. 1622/23. Delius, Pseudo-Shak. Plays. 1854. vol. I. Moltke, Doubtful Plays. 1869. Ed. together with the Life and Death of Thomas Cromwell by T. E. Jacob. 1889. Pseudo-Shak. Plays. Ed. Warnke and Proescholdt. Halle 1887. vol. VI.

Diese Zauberdramen zerfallen in drei wesentlich verschiedene Kategorien. Die erste Gruppe bilden solche Stücke, die nur in einzelnen Szenen Zauberei enthalten, und zwar: Shakespeare's H6A (V. 3); H6B (I. 4); Err. (IV. 4); Middleton's F. of L. (III. 6) und M. W. (IV. 1); Fletcher's Ch. (V. 3) und Hum. Lieut. (IV. 3); Chapman's B. d'A. (IV. 1); Tourneur's Ath. (IV. 3); J. C.'s M. M-M. (I. 1); Webster's Wh. Dev. (II. 3); Greene's L. Gl. und Dekker's Wh. of Bab.

Zu der zweiten Kategorie gehören die Dramen, welche die Geschichte eines schon durch Volksschriften bekannten Zauberers behandeln. An die Spitze zu stellen ist hier Marlowe's dramatische Bearbeitung der deutschen Faustsage. Der Erfolg der Tragödie veranlaßte zunächst Marlowe's Zeitgenossen, sich nach englischen Zauberern umzusehen. Diese fand Greene in Friar Bacon und Friar Bungay, Munday in John a Kent und der Verfasser des "Merry Devil" in Peter Fabell. Zugleich behandelte Barnes die Sage von Papst Alexander VI. in "The Devil's Charter", W. Rowley die von Merlin in "The Birth of Merlin" und Dekker die von Olde Fortunatus in einem gleichnamigen Stücke. Mit Ausnahme von Munday haben die letztgenannten Dramatiker den vorgefundenen Stoff in direktem Anschluss an Marlowe's "Tragical History of Doctor Faustus" umgeändert, so daß man geradezu von einem englischen Faustzyklus jener Zeit sprechen kann. Das ist schon im einzelnen nachgewiesen worden von Herford, der die „Nachahmungen" des Marloweschen Faust zusammengestellt hat in seinen "Studies in The Literary Relations of England and Germany". Cambridge 1886 p. 189 ff.

Die letzte Art der Stücke verinnerlicht das Motiv der Zauberei und überträgt ihm teils die Lösung oder die Schürzung des dramatischen Knotens, teils beides zugleich. So ist die Zauberei benutzt: zur Entwirrung der Intrige in Greene's Orl. Fur. und Com. Hist. sowie in Peele und Wilson's M. Kn.; zur Knüpfung und weiteren Verwirrung der Intrige in Peele's O. W. T. und S. Cl. sowie in R. Tr.; zur Verwirrung und zur Entwirrung zugleich in Lyly's Endimion und Shakespeare's Sturm. Diese Klasse der Zauberdramen wird also hauptsächlich durch die romantische Komödie vor Shakespeare vertreten, eine Erscheinung, die Brandl festgestellt hat in seinen „Quellen des weltlichen Dramas in England vor Shakespeare". Q. F. Heft 80. Straßburg 1898 p. C. XIX.

Von den bisher genannten Stücken scheinen jene drei am beliebtesten gewesen zu sein, welche die Sage des deutschen Schwarzkünstlers Faust und die Sagen der beiden englischen Zauberer Bacon und Peter Fabell behandeln. Die Popularität dieser Dramen läßt sich leicht nachweisen aus den vielen Aufführungen und Drucken und ganz besonders aus Anspielungen in der damaligen Literatur. Nach Henslowe's "Diary" erschien die Fausttragödie allein vom 30. September 1594 bis Oktober 1597 dreiundzwanzigmal auf dem Repertoire der Londoner Bühnen! Die Drucke folgten sich schnell in den Jahren 1604; 1609; 1616; 1619; 1620; 1624; 1631; 1663. Greene's Friar Bacon wurde achtmal aufgeführt vom 19. Februar 1592 bis 5. April 1593; alte Ausgaben des Stückes erschienen 1594; 1599; 1630 und

1655, während Drucke des "Merry Devil" in den Jahren 1608; 1612; 1617; 1626; 1631 und 1656 herauskamen.

Die literarischen Anspielungen jener Zeit, die eine genaue Bekanntschaft des Volkes mit den Zauberdramen Faust, Fr. Bac. M. Kn. und R. of M. voraussetzen, sind gedruckt in Tilles „Faustsplitter" (1900) und in O. Franckes Einleitung zu seiner Ausgabe der Mountfortschen Farce.

Die Beliebtheit des "Merry Devil" wird noch besonders bestätigt durch Ben Jonson, der im Prologe zu seiner Komödie "The Devil is an Ass" spricht [ll. 19-22]:

"If you'll come
To see new plaies, pray you afford us roome
And shew this but the same face you have done
Your dear delight, the Devil of Edmonton."

In ähnlicher Weise wird der "Merry Devil" in Middleton's "Blake Book" im Verein mit Heywood's "A Woman killed with Kindness" bezeichnet als ein:

"favourite city play." (Works. V. 36.)

Kapitel II.

Die Person des Zauberers. Einteilung der Zauberer. Gegensätze. Zauberrivalen. Magie vor hohen Herren. Umgebung des Zauberers. Kleidung. Was ihn zur Magie trieb. Reue. Ende.

Je nach Art ihrer Tätigkeit zerfallen die Zauberer in zwei Hauptgruppen: in Beschwörer (conjurors), welche die Geister zum Dienst „herabziehen", und in Zauberkünstler (enchanters), die nicht auf die Hilfe der Geister angewiesen sind, sondern eine persönliche Zaubergewalt besitzen über die Menschen und die Natur [1]).

---

[1]) Auf diese Unterscheidung wird auch nachdrücklich hingewiesen in Hazlitt's Pop Ant III. 104.

Was zunächst die Geisterbeschwörer betrifft, so lassen sich hier wiederum zwei wesentlich verschiedene Arten feststellen, nämlich:

1. solche, die infolge ihrer großen Kenntnis der Magie einfach über die Geister gebieten (by sheer knowledge and art), und
2. solche, die den Gehorsam der Geister erst durch einen Vertrag mit dem Fürsten der Hölle erzielen.

Die erste Gruppe findet ihre Hauptvertreter in Friar Bacon, Friar Bungay und Vandermast in Greene's "Honourable History", Dunstan in "A Merry Knack to know a Knave", Proximus und Merlin in „The Birth of Merlin" und Prospero in Shakespeare's "Tempest". Sie alle bannen die Geister mit gewaltigem Zauberwort und zwingen sie zum Dienste durch ihre übernatürliche Macht. Merlin, der aus der Arthursage bekannte Zauberer, den auch Shakespeare erwähnt in H 4. A III. 1. 150 und Lear III. 2. 95, gebietet dem Teufel und seinen Genossen:

"with exorcismes so strong,
That all the black pentagoron of hell
Shall ne're release you [B. of M. V. 1. 48];

und von Bacon's Zaubermacht heißt es [Fr. Bac. II. 49], daß:

"The great arch-ruler, potentate of hell
Trembles when Bacon bids him or his fiends,
Bow to the force of his pentageron".

Den mächtigen Teufelsbeschwörern steht Prospero als ein Meister der Theurgie gegenüber. Denn es sind nur gute Geister, über die er sich eine Herrschaft auf der fernen Zauberinsel erworben hat, kraft seiner tiefen Ergründung der Magie (siehe Kapitel V).

Zu der zweiten Klasse der Geisterbeschwörer gehören hauptsächlich Schwarzkünstler und Hexen. Ueber die Hexen steht, wie schon oben erwähnt, eine spezielle Arbeit in Aussicht; sie brauchen uns also hier nicht zu beschäftigen. Von den Necromanten kommen in Betracht: Faust in Marlowe's Trag. Hist., Papst Alexander VI. in D. Ch. und Peter Fabell in M. D. Nur durch Verschreibung ihrer Seele an den Teufel werden diese drei

Schwarzkünstler zu den mächtigen Beschwörern, als die sie in den Dramen erscheinen. Nur so wird Doctor Faustus ein "conjuror laureat" (sc. III.) oder Peter Fabell zu jenem berühmten Teufelsbanner,

"That, for his fame in sleights and magicke won
Was calde the merry Fiend of Edmonton" [Prol. 14—15].

Innerhalb dieser beiden Gruppen sehen wir Geistliche und Laien sich als Beschwörer gegenüber stehen. Denn „gleichwie das von der Geistlichkeit als ihr Autoritätsrecht beanspruchte Forschen und Erklären der heiligen Urkunden der Priesterklasse entrissen, und das Lesen und Denken der heiligen Schrift als Gemeingut aller Gläubigen erkämpft ward: so entwand auch der Laie dem gelehrten Mönchtum das Studium der Geheimwissenschaften der Magie. Der personifizierte Inbegriff, der personifizierte Ausdruck des Zeitalters gleichsam für dieses Laientum der Zauberkunde, für diese Konkurrenz in der Magie mit dem scholastischen Mönchtum, ist Joh. Faust, wie das scholastisch monacale Zauberwesen seinen vollgültigen mittelalterlichen Vertreter, seine Personifikation in dem Mönche Roger Bacon gefunden hatte".[1]) An Faust schließen sich als weitere Vertreter des Laientums an: die Beschwörer Fabell, Merlin, Proximus und Prospero. Friar Bacon ist keineswegs der einzige Vertreter des klerikalen Zauberwesens, der uns begegnet; ihm stehen zur Seite: der Bischof Dunstan in M. Kn., Papst Alexander in D. Ch., der „Friar" in Chapman's B. d'A. (IV. I.), und Friar Bungay in Greene's Fr. Bac. Ein Mönch auch ist es, von dem Papst Alexander die Kunst der Magie erlernt hat (D. Ch. 35).

Von sonstigen Personen, die als Beschwörer auftreten, sind zu nennen: Francis Guicchiardine in D. Ch (II 11—65); der „magician" in Fletcher's Hum Leut (IV. 3); Bernard in J. C.'s M. M.-.M (I. 1). Boling-broke in Shakespeare's H 6 B (I. 4), der „conjurer" in Webster's Wh. Dev. (II. 3) und Bussy d'Ambois in Chapman's gleichnamigem Stücke (V. 1). Von den Schul-

---

[1]) Klein, Gesch. des engl. Dramas. p. 712.

meistern, die damals in Dörfern allgemein für erfahrene Geisterbanner galten, treten uns als Beschwörer entgegen: Pinch (a Schoolmaster) in Shakespeare's Err. (IV. 4) und Vecchio (a teacher of Latin and Music, a reputed Wizard) in Fletcher's „Chances“ (V. 3). Auch La Fin in Byron's Conspiracy by Chapman ist [II. 1]:

"reported to have some skill in magic."

Die Reihe der Zauberer wird vervollständigt durch die Gruppe der Zauberkünstler (enchanters). Solche sind: Bomelio in "The Rare Triumphs of Love and Fortune"; Byran Sans-foy in Peele's "Sir Clyomon and Sir Clamydes"; Sacrapant in Peele's "The Old Wives Tale". Die "enchantress" Medusa spielt in A. Munday's "Two Italian Gentlemen"; Dipsas in Lyly's "Endimion"; Melissa in Greene's "Orlando Furioso" und Medea in Greene's "Comical History".

Mit der Tätigkeit dieser Zauberkünstler setzt das „geisterlose Element“ in der Magie ein. Ihre magischen Operationen sind daher erst im zweiten Teile der Arbeit zu besprechen; bei der Beschreibung der Person des Zauberers liegt jedoch kein Grund vor, den conjuror von dem enchanter zu trennen.

Viele Dramatiker begnügten sich nicht mit der Einführung eines einzigen Zauberers in einem Stücke; sie verleihen ihren Zauberdramen einen nicht uninteressanten Zug, wenn sie mächtige Zauberrivalen in ihnen auftreten lassen, die wetteifernd um die Meisterschaft in der Magie kämpfen. Solche Rivalen sind Bungay, Bacon und Vandermast in Greene's Fr. Bac.; John a Kent und John a Cumber in Munday's gleichnamigem Stücke und Proximus und Merlin in B. of M. Abgesehen davon, daß die Wettkämpfe, die sich zwischen ihnen entspinnen, einen ganz besonderen Reiz auf das englische Volk ausüben mußten, verfolgten die Dramatiker dabei offenbar den Zweck, die englische Magie der Zauberei fremder Länder gegenüberzustellen, ihre Ueberlegenheit dem Volke zu verkünden und ihm zu zeigen, daß man in England keiner fremden Zauberer bedürfe; denn stets geht der englische Zauberer siegreich aus dem Wettspiele hervor. Schon unterliegt Friar Bungay der Zauberkunst des deutschen Hexenmeisters Vandermast, als Friar Bacon als der Ehrenretter der englischen Magie erscheint. Er, der Oxforder Teufelsbanner, bezwingt den deutschen Schwarzkünstler Vandermast und gebietet dem Herkules, daß er ihn sofort auf seinem Rücken nach „Habsburg“ zurücktrage,

"That he may learn by travail, 'gainst the spring
More secret dooms and Aphorisms of art.“ [sc. IX.]

König Heinrich zollt dem englischen Zauberer seine Anerkennung mit den Worten [sc. IX. 168]:

"Bacon, thou hast honour'd England with thy skill,
And made fair Oxford famous by thine art."

In Munday's Komödie ist es die schottische Zauberkunst John a Cumber's, die der Macht des englischen Zauberers John a Kent unterliegt (act. V.), und in W. Rowley's "Tragi-comedy" entledigt sich Merlin seines sächsischen Zauberrivalen Proximus dadurch, daß er einen Stein herunterfallen läßt, der ihn erschlägt [B. of M. IV. I.]:

"A stone falls and kills Proximus."

Vor hohen Herren waren derartige Schwarzkünstler und Hexenmeister gern gesehen; denn wie der Astrologe und der Alchimist am Hofe der Prinzen und Fürsten in jener Zeit bekanntlich eine große Rolle spielten, so erfreute sich auch ein berühmter Zauberer bei ihnen eines nicht geringen Ansehens. Faust tritt als Zauberkünstler auf vor Kaiser Karl und dem Papste (scs. VII; X.); er folgt einer Einladung des Herzogs von Anhalt, der dringend um seine Gesellschaft bittet [sc. XII.]:

"The Duke of Vanholt doth entreat your company."

Der Wettstreit der Zauberer Bungay, Vandermast und Bacon spielt sich ab vor König Heinrich III. und dem König von Kastilien (Fr. Bac. sc. IX.); Proximus gibt einen Beweis seiner Zauberkraft vor Aurelius (B. of M. II. 3) und Merlin vor Vortiger (IV. 1). Wie endlich der König Antigonus einen Zauberer an seinem Hofe hält (in Fletcher's Hum. Lieut. IV. 3.), so tritt auch König Rasni in Greene's L. Gl. auf "attended on by his Magi" (Dyce. p. 131).

Könige und Fürsten sind keineswegs die einzige Gesellschaft, in der sich unsere Zauberer bewegen. Marlowe, der sich ziemlich genau an die Aeußerlichkeiten der Faustsage anschloß, behielt auch Faust als Wittenberger Professor bei und umgab ihn mit einer Schar von Studenten. Greene änderte die Baconsage insofern, als er aus dem „vom Hofe begünstigten Beschwörer" im Anschluß an die Fausttragödie Marlowe's einen Oxforder Professor machte; dabei aber ersetzte er die deutschen Studenten Faust's durch eine Reihe englischer Doktoren. Bei der Zeichnung dieser Umgebung des Zauberers zeigt Marlowe eine entschieden tiefere Auffassung als Greene. Seine Studenten sind von großer Besorgnis erfüllt für das Wohl ihres Meisters und eine trübe Ahnung beschleicht sie bei der Nachricht, daß Faust mit seinen in der Magie erfahrenen Freunden Valdes und Cornelius zusammen ist. [sc. II. Ed 1616] First Schol.:

"O Faustus, then I fear that which I have long suspected,
That thou hast falne into that damned art,
For which they two are infamous through the world."

Und als sie dann den Meister der Macht des Teufels verfallen sehen, da gehen sie tiefbetrübt hinaus, um für das Wohl seiner Seele zu beten. [F. sc. XIV.]:

"But let us into the next room, and there pray for him."

Nichts von dieser Besorgnis bei den Doktoren Greene's. Im Gegenteil, sie freuen sich, einen Mann in ihrer Mitte zu haben, dessen Zauberkunst die ganze Welt in Erstaunen setzt. [Fr. Bac. sc. II.]:

Clem. "We come, not grieving at thy skill
But joying that our academy yields
A man suppos'd the wonder of the world."

Mit den Studenten Fausts sind jedoch die Kardinäle des Papstes Alexander in D. Ch. zu vergleichen. Auch sie ermahnen ihren

Herrn, die Gnade Gottes anzurufen, auch sie wollen für das Heil seiner Seele beten (D. Ch. V. 6). Doch während Faust seinen Studenten ein herzliches „gentlemen, farewell“ zuruft (sc. XIV.), entläßt Alexander seine Kardinäle mit der ironischen Aufforderung [D. Ch. V. 6. 3033]:

"Pray for your selues, troble not me with praiers."

Wie die Studenten endlich in Faust (sc. XIV. Ed. 1616), so kommen auch die Kardinäle am Schlusse der Tragödie, um nach ihrem Meister zu sehen, der ein Opfer der höllischen Geister geworden ist. (D. Ch. act. V. Scena Ultima.)

Zu der Umgebung der Zauberer gehören weiterhin ihre Diener. Einen solchen besitzt Doctor Faust in Wagner und Friar Bacon in Miles; Shrimpe heißt der "boy" John a Kent's, Bagoa die Dienerin der alten Zauberin Dipsas und Ariel der Diener Prosperos. In der Bedeutung der Diener für die Zauberkunst ihrer Meister läßt sich eine Steigerung beobachten bis zu Ariel. Marlowe hat dem Famulus Fausts eine so unbedeutende Rolle zugewiesen, daß es unmöglich ist, ihn näher zu charakterisieren. Besser gezeichnet ist Bacon's Miles, der zugleich den Possenreißer spielt. Er besitzt zwar einigen gesunden Witz, doch ist es allgemein bekannt [Fr. Bac. sc. V.], daß:

"Friar Bacon's subsizer is the greatest
blockhead in all Oxford."

Seine übergrosse Dummheit macht Bacon's wunderbarstes Werk zuschanden (sc. XI.), und der Meister wird darob so erbost, daß er den „Schurken“ auf dem Rücken des Teufels zur Hölle fahren läßt (sc. XV.).

Auch Bagoa erweißt sich als untauglich, wenn sie die Geheimnisse der Zauberin Dipsas preisgibt [End. V. 3]. Munday hielt es für geraten, seinem Zauberer John a Kent einen etwas tauglicheren Diener in Shrimpe an die Seite zu stellen. Er ist in der Tat ein „nützlicher Gehilfe“, der selbst viele Fähigkeiten eines Zauberers besitzt [Collier p. 24]:

"Why, now is Shrimpe in the height of his bravery,
That he may execute some parte of his maister's knavery".

Wenn John a Kent den Sieg über seine Rivalen davonträgt, so geschieht das lediglich mit Hilfe seines Dieners, der unsichtbar die Befehle des Zauberers erfüllen kann [Collier p. 38]:

"Sirra, get ye to the back gate of the Castell
And trough the Key hole nimbly wring thee in".

Shakespeare ging hierin noch weiter und machte aus Prosperos Diener einen Luftgeist, der eben infolge seiner Eigenschaft als Geist den vollkommensten Diener aller Zauberer darstellt. Prospero hat ihn aus der Gewalt der Hexe Sycorax befreit und und seither dient ihm Ariel zum Danke in getreuer Vollstreckung seines Willens (Tp. I. 2). „Anmutig und leicht" wandelt er über den Schaum des Meeres, und „blitzschnell und fein" läuft er auf dem scharfen Nordwind einher (I. 2. 252). Er kann in manche Gestalt sich verwandeln (I. 2; III. 3; IV. 1) und zur Mitternacht Tau holen von den verhexten Bermudasinseln [I.2.227]:

„where once
Thon call'dst me up at midnight to fetch dew
From the still-vex'd Bermoothes".

Was die Kleidung des Zauberers angeht, so haben die Dramatiker offenbar kein Gewicht darauf gelegt, sein Aeußeres näher zu kennzeichnen. Es ist fast nur von Zaubergewändern (magical robes) [1]) im allgemeinen die Rede.

[Fletcher's Ch. V. 3]:
"Enter Vecchio in his magical Habiliments".

[Chapman's B. d'A. IV 1]:
"He puts on his robes".

[Barnes. D. Ch. IV. 1]:
Alex. "Put on my robes".

[Tp. V. 1]:
"Enter Prospero in his magic robes".

---

[1]) Einzelheiten über die äußere Ausstattung der Zauberer siehe R. Scot, Disc. of Witchcraft p. 415 ff.

Prospero legt seinem Zaubermantel eine nicht geringe Bedeutung bei, wie wir aus seinen Worten zu Miranda erfahren [Tp. I. 2. 23]:

Pros. "Lend thy hand
And pluck my magic garment from me. So:
[Lays down his mantle]
Lie there, my art".

Sacrapants Zaubergewand scheint noch durch einen Kranz auf dem Kopfe und ein Schwert in der Hand vervollständigt zu werden [O. W. T. p. 457]:

"Enter the | Ghost | Jack, and take Sacrapant's
wreath from his head, and his sword out of his hand".

Ein bestimmtes Abzeichen des Zauberers haben die Dramatiker jedoch nicht außer acht gelassen; das ist der Zauberstab [1]), für dessen Bezeichnung uns die verschiedensten Namen begegnen.

[Gr. Orl. Fur. Works p. 105]:
"Melissa strikes with her wand, and the
Satyrs enter with music".

[Gr. L. Gl. Works p. 123]:
"The Magi with their rods beat the ground,
and from under the same rises a brave arbour".

[Gr. Fr. Bac. sc. XI]:
"Friar Bacon .... with a white stick in one hand".

[D. Ch. I. 27]:
"Hee | = Francis Guicchiardine | with a siluer
rod mooueth the ayre three times".

[D. Ch. I. 35]:
"A Moncke with a magical .... rod."

[D. Ch. IV. 1]:
"Alexander .... taketh his rod".

[B. of M. IV. 1]:
"Merlin strikes his wand".

---

[1]) Ueber den Ursprung des Zauberstabes vergleiche man Ennemoser's Hist. of Mag. trsl. by Howitt II. 45—47 oder Ward, Faustausg p. 270.

Prospero legt dem Zauberstabe eine ähnliche Bedeutung wie dem Zaubermantel bei, wenn er beim Abschied von der Magie spricht [Tp. V. 1. 55]:

Pros "I'll break my staff,
Bury it certain fathoms in the earth".

Zur Vervollständigung des äußeren Bildes des Zauberers werden wir endlich in die Klause eingeführt, in welcher er seine geheimnisvollen Künste vorbereitet.

[F. sc. I.]: Faustus's Study.
[Fr. Bac. scs II. VI. XI.]: Friar Bacon's cell (at Brasenose).
[O. W. T. Dyce. p. 449]: Enter Sacrapant in his Study.
[Tp. I. 2; IV. 1; V. 1]: Before Prospero's cell.
[D. Ch. IV. 1]: Alexander cometh upon the stage out of his study.
[D. Ch. V. 6]: Alexander . . . . . in his study . . . . . .

Es sind sehr verschiedene Motive, die unsere Zauberer veranlaßten, den Himmel abzuschwören und sich dem finstern Werke der Magie zu ergeben. Bomelio in R. Tr. hat sich der Zauberkunst gewidmet, um Rache an Phalaris, dem Vater des Herzogs Phisantius zu üben, der ihn auf Betreiben eines „kriechenden Freundes" von seinem fürstlichen Hofe verbannte [Dodsl. VI. p. 175]:

"Yet that I might descry the better their device,
Here have I liv'd almost five yeares disguis'd
In secret wise."

Hermione bestätigt das mit den Worten [Dods. VI. 218]:

"My father thereupon devised how he might
Revenge and wreath himself an her, that wrought him in such despite;
And therefore, I perceive, he strangely useth it,
Enchanting and transforming that his fancy did not fit,
As I may see by these his vile blasphemous books."

Etwas anders gestalten sich die Motive, wenn es sich um einen Vertrag[1]) mit dem Teufel handelt. Der im 15. und

[1]) Näheres über den Vertrag selbst siehe Kap. III.

16. Jahrhundert weit verbreitete Glaube, daß jemand, um in den Besitz von Reichtum zu gelangen, seine Seele dem Fürsten der Hölle verpfändet [1]), begegnet uns in zwei Dramen Tho. Dekker's [Olde Fort. II 1692—94]:

Athel. "Hees a Magician sure, and to some fiend
His soule by infernall couenants has he sold,
Alwaies to swimme up to the chin in gold."

[W. of K. Works. VI. 234]:

Gent. "Now whither — as most rich men doe, he pawn'd
His soule for that deare purchase none can tell."

Das Motiv, daß ein Geistlicher seine Seele dem Teufel verschreibt, um Macht und Reichtum, Befriedigung der Sinneslust, und vor allem die Papstwürde zu erlangen [2]), liegt der Tragödie von Papst Alexander [3]) zugrunde, die Barnabe Barnes sogar nach ihm "The Devil's Charter" nannte. Schon die stumme Eingangsszene der Tragödie zeigt uns [D. Ch. I. 24]:

"by what ungodly meanes and art
He did attaine the Triple Diadem";

doch hören wir später aus des Papstes eigenem Munde, was ihn dem Teufel in die Hände getrieben hat [D. Ch. I. 4. 359]:

Alex. "Well, this rich Miter, though it cost me deare,
Shall make me liue in pompe whilst I liue heere."

Aehnlich heißt es ja auch im Wortlaut des Vertrages [I. 4. 351]:

Sedebis Romae Papa, summa in Faelicitate tui et Filiorum 11 et 7. Dies 8 post moriere.

Das Motiv des Wissensdranges [4]) findet sich nur in Marlowe's "Tragical History of Doctor Faustus" und in "The Merry Devil of Edmonton."

---

[1]) Maury, M. et Astr. p. 185.

[2]) Vgl. die Berichte über Sylvester II.; Paul II.; Johann XIII. XIX. XX. etc. bei Görres in Scheibles Kloster Bd. II.

[3]) Die Sage von Papst Alexander ist erzählt in Simon Patrike's "Estate of the Church" (1602).

[4]) Calderon benutzte das Motiv in seinem Drama: "El Magico Prodigioso" (Anfang des 17. Jahrh.).

In Anbetracht der vielen Arbeiten über den Marlowe'schen Faust, habe ich hier nicht näher auszuführen, inwiefern das uns so geläufige Motiv des unersättlichen Wissenstriebes in dem englischen Faustdrama von der Gaukelei in den Hintergrund gedrängt wird, und wie weit es dort zurücktritt vor dem Drange des Schwarzkünstlers nach seiner:

"world of profit and delight
Of power, of honour, of omnipotence" [sc. I. 51].

Ich beschränke mich darauf, zur Rechtfertigung Marlowe's zu sagen, daß die Vernachlässigung des Motivs lediglich ein Zoll war, den er dem damaligen Zeitgeschmacke bringen mußte. Denn es war keineswegs die reformatorische Idee der deutschen Faustsage, wonach das englische Volk verlangte, sondern vornehmlich die mit den Namen eines Faust und eines Mephistophilis verknüpften Zauberspäße machten den ungeheuren Erfolg der Tragödie aus. Das beweisen sowohl die Fülle der Varianten in den späteren Ausgaben, als auch die Tatsache, daß von der Marlowe'schen Tragödie im Laufe der Jahrhunderte in England nichts anders übrig blieb als eine Zauberposse [1]).

Im "Merry Devil" ist das Motiv des Wissensdranges nur kurz angedeutet durch die Worte Fabells [Ind. 42 ff.]:

„O, that this soule, that cost so great a price,
Inspride with knowledge, should by that alone
Which makes a man so meane vnto the powers,
Euen lead him downe into the depth of hell,
When men in their owne pride striue to know more
Then man should know."

Denn weiterhin denkt der Zauberer nicht an die Lösung schwieriger Probleme mit Hilfe des allwissenden Teufels, sondern, gleich Dr. Faustus, widmet er sich ausschließlich der Praxis seiner Zauberkunst.

Auch für Greene hätte es wohl nahe gelegen, den gelehrten Forscher Bacon so aufzufassen und darsustellen, daß er seinen

[1]) Vgl. O. Francke's Einl. zur Mountford'schen Farce

Durst nach Erkenntnis an der Quelle der Magie zu stillen suche. Doch wenn Marlowe und der Verfasser des "Merry Devil" dieses Motiv vernachlässigt haben, so hat Greene niemals daran gedacht, ihm irgend welche Beachtung zu schenken. Denn sein gelehrter Zauberer vertieft sich in das Studium der necromantischen Bücher, nicht um seine Wißbegierde zu befriedigen, sondern seine Ruhmsucht, die ihn antreibt ganz England ob seiner wunderbaren Zauberkunst in Erstaunen zu setzen [Fr. Bac. sc. II.]:

Bac. "I will strenthen England by my skill,
That if ten Cesars liv'd and reign'd in Rome,
With all the legions Europe doth contain,
They should not touch a grass of English ground."

Und als er dann ein großes Werk durch die Albernheit seines Gehilfen vernichtet sieht, da ruft er wutentbrannt [sc. XI.]:

Bac. "Ah, villain! time is past:
My life, my fame, my Glory, are all past. —
Bacon,
The turrets of thy hope are ruin'd down,
Thy seven years' study lieth in the dust . . . . .
For Bacon shall have never merry day,
To lose the fame and honour of his head."

Wohl mögen die Zauberer mit Begeisterung hineilen zu dem finstern Werke der Magie — „Ich muß noch zaubern heut', und wär's mein letzter Tag" (F. sc. I.) —, es beginnt sich schon bald das Bild in ihrer Seele zu ändern. Es regt sich in ihnen das Bewußtsein der Verwerflichkeit ihres Tuns, die Reue dringt in ihr Herz und reißt sie zu bitteren Klagen hin über die „verfluchte Kunst". Wir empfinden Mitleid mit dem Zauberer Sacrapant, der nicht in das lustige Liedchen der Lerche einstimmen darf, weil er von Gott verdammt ist. [O. W. T. Dyce. p. 449.]:

"The day is clear, the welkin bright and grey,
The lark is merry and records her notes;
Each thing rejoiceth underneath the sky,

But only I, whom heaven hath in hate,
Wretched and miserable Sacrapant."

So gibt auch die Zauberin Dipsas auf die Vorwürfe der Cynthia hin zur Antwort [End. V. 3.]:

"Madam, thinges past may be repented, not recalled:
There is nothing so wicked that I haue not doone, nor
any thing so wished for as death."

Faust hat kaum den Vertrag unterzeichnet, als ihn schon die Reue packt [sc. VI.]:

"When I behold the heavens, then I repent."

Vergebens verflucht er den Mephistophilis, der ihm die Pforte des Himmels verschlossen hat (sc. VI.); vergebens sucht er Linderung seiner Qualen in einem „ruhigen Schlaf" (sc. XI.); je mehr die ihm gewährte Frist sich ihrem Ende nähert, desto mächtiger dringt das Bewusstsein der nahen Verdammnis auf ihn ein, und verzweifelt ruft er aus [sc. XIII.]:

"Where art thou, Faustus? Wretch, what hast thou done?"

Und als er dann die Glocke mit dumpfem Klang die elfte Stunde verkünden hört, da steigert sich der Ausbruch seiner verzehrenden Gewissensqual bis zu den ergreifenden Worten [sc. XIV.]:

"Stand still you evermoving spheres of heavens
That time may cease, and midnight never come
Fair Nature's eye, rise, rise again, and make
Perpetual day; or let this hour be but
A year, a month, a week, a natural day
That Faustus may repent and save his soul."

Gegenüber diesem letzten Ausbruch der Reue des Marlowe'schen Faust muß die Reueszene in Greene's Friar Bacon weit zurückstehen, und zwar um so mehr, als die Reue des ruhmsüchtigen Zaubermönches nur durch rein äußerliche Momente veranlaßt wird. Erst als sein Zauberkopf vernichtet ist (sc. XI.), erst als er sieht, welches Unheil sein Zauberspiegel angerichtet hat (sc. XIII), ergreift ihn eine tiefe Erschütterung [sc. XIII. 86.]:

Bac. "I tell thee, Bungay, it repents me sore
That ever Bacon meddled in this Art.
The hours I have spent in pyromantic spells . . .
Conjuring and adjuring devils and fiends . . .
Are instances that Bacon must be damn'd."

Selbst in Gegenwart des ganzen Hofes bekennt der große Bacon seine Reue, auf König Heinrichs Frage: "But why stands Friar Bacon here so mute?" hat der Teufelsbanner nur die Worte [sc. XVI.]:

"Repentant for the follies of my youth
That magic's secret mysteries misled."

Wie sehr auch Papst Alexander in dem Reichtum geschwelgt hat, den er mit des Teufels Hilfe erlangte, es ergreift auch ihn ein Anfall bitterster Reue, als er nach dem verhängnisvollen Banket einsam in seinem Stuhle sitzt [D. Ch. V. 6.]:

Alex. "What is repentance? Haue I not forgotten? . . .
Oh wretched Alexander, slaue of sinne
And of damnation; what is he that can
Deliver thy poore soule? Oh none but he
That when thou didst renounce him cast of thee
Repentance is in vaine, mercy too late."

So weiß der Zauberer wohl, daß der Zorn des Himmels auf ihm ruht, und daß er der Macht der Hölle verfallen ist durch sein vermessenes Bestreben, nach verborgenen Dingen zu forschen. Und dieser Gedanke, daß nur Tod und Verdammnis des Zauberers harren, entlockt dem Verfasser des "Merry Devil" die Worte [Ind. 50 ff]:

"The infinity of Arts is like a sea,
Into which, when man will take in hand to saile,
Further then reason, which should be his Pilot,
Hath skill to guide him, losing once his compasse,
He falleth to such deepe and dangerous whirleporles,
As he doth lose the very sight of heaven . . .

Man, striuing still to finde the depth of euill,
Seeking to be a God, becomes a Diuell." [1])

Aehnlich spricht auch der Teufel selbst zu Papst Alexander [D. Ch. V. 6.]:

Diuill. " . . . . . by free-will to sinne thou slaue,
Hast sold that soule from happinesse to hell".

Die Elisabethanischen Dramatiker waren jedoch keineswegs alle gewillt, ihren Zauberern, die das Volk mit ihrer Kunst ergötzt hatten, einen tragischen Untergang zu bereiten. Wohl verwickeln sie sie in Schuld und peinigen sie mit furchtbaren Gewissensqualen, doch die Mehrzahl der Zauberer entgeht den Klauen des Teufels, teils durch Anrufung der Gnade Gottes (theological remedy), teils durch Ueberlistung des Teufels (outwitting the devil).

Die Zauberer, die ein tragisches Ende finden, sind Faust, Alexander und Sacrapant. Der Untergang des Schwarzkünstlers Faust bot Marlowe Gelegenheit, sich zu einem Meisterstücke dramatischer Poesie und zu einer ergreifenden Schilderung des Endes eines von Gott verdammten Necromanten aufzuschwingen. Zitternd sehen wir den großen Beschwörer vor uns stehen, bebend erwartet er sein Ende. "O lente, lente, currite, noctis equi." Er fleht zu Luzifer, ihn zu verschonen, und ruft die Berge und Hügel an, ihn vor Gottes Zorn zu verbergen [sc. XIV.]:

"Earth, gape! O, no it will not harbour me!
You stars that reign'd at my nativity, . .
Now draw up Faustus, like a foggy mist,
Into the entrails of yon lab'ring clouds,
That, when you vomit forth into the air,
My limbs may issue from your smoky mouths
So that my soul may but ascend to heaven."

Doch schon beginnt die Glocke langsam die Todesstunde zu verkünden. Es zucken die Blitze, es rollt der Donner, und jetzt

[1]) Vgl. die Worte des Mephistopheles in Goethes Faust I.
„Folg' nur dem alten Spruch und meiner Muhme der Schlange,
So wird dir gewiß einmal bei deiner Gottähnlichkeit bange."

erscheinen die höllischen Geister und zerschmettern den vermessenen Zauberkünstler an den Wänden seines Gemaches. (sc. XIV. Ed. 1616).

Barnes hat die tragische Wirkung sehr geschwächt in "The Devil's Charter" durch die Art und Weise, wie er seinen Helden dem verhängnisvollen Ende entgegenführt. Wohl sehen wir die Teufel frohlocken über den bevorstehenden Untergang des Papstes Alexander, dessen Seele ihrer Macht verfallen ist (D. Ch. V. 5); wohl werden wir weiter auf des Schwarzkünstlers Verhängnis vorbereitet, als

> "Alexander draweth the Curtaine of his studie where he discouereth the diuill sitting in his pontificals" [D. Ch. V. 6];

doch muß unsere Spannung sofort erschlaffen durch die folgenden endlosen Verhandlungen über die Auslegung des Vertrages zwischen dem Papste und dem Teufel. Hier vermissen wir die hochdramatische Darstellung Marlowe's am Schlusse seiner Tragödie. An Stelle der ergreifenden Schilderung der Qualen Fausts finden wir Verse wie [D. Ch. V. 6. 3190]:

> Mercy, mercy, mercy; arise, arise, arise: up, up, up:
> fy, fy: no, no? stirre stubburne, stonie, stiff
> indurate heart, not yet, up, why, what? . . . . .
> [The Diuill laugheth]
> Mercy good Lord, oh mercy, mercy, mercy.
> Oh saue my soul out of the Lyons pawes" etc.

In dieser Weise setzt sich das Angstgeschrei des „großen Alexander" weiter fort, bis endlich, auf einen Hornstoß des Teufels hin, die Schar der höllischen Geister erscheint und ihn gleich Dr. Faustus unter Donner und Blitz zerschmettert [D. Ch. V. 6. 3276]:

> "Thunder and lightning with fearefull noise the diuills thrust him downe and goe Triumphing".

In Peele's O. W. T. ist es nicht der Teufel selbst, der den Zauberkünstler Sacrapant zur Hölle befördert, sondern der Geist Jack's. Denn das war ja Sacrapants Bestimmung [Dyce p. 451]:

"Never to die but by a dead man's hand."

Mit unsichtbarer Hand nimmt Jack dem alten Zauberer den Kranz vom Kopfe und das Schwert aus der Hand. Sofort fühlt Sacrapant sein Blut erstarren und sterbend bricht er in die Klage aus [Dyce p. 457]:

"What hand invades the head of Sacrapant?
What hateful Fury doth envy my happy state?
Then, Sacrapant, these are thy latest days ....
He, in whose life his acts hath been so foul,
Now in his death to hell descends his soul."

Andere Zauberer wie Friar Bacon. Bomelio, Dipsas, Prospero, entgehen der Macht der Hölle durch ein reumütiges Aufgeben ihrer Zauberkunst und durch Anrufung der Gnade Gottes (appeal to Christ). Dipsas entsagt der Zauberkunst als: „der grauenvollsten und abscheulichsten Beschäftigung" der ein Mensch je obliegen kann (End. V. 3). Bomelio verläßt die Magie, nachdem er mit ihrer Hilfe seinen Rachedurst gestillt hat (R. Tr. act. V.). Friar Bacon zerschlägt sein unheilvolles Zauberglas mit den Worten [sc. XIII]:

Bac. "So fade the Glass, and end with it the shows
That necromancy did infuse the crystal with."

Aus den Gewissensqualen, die über den Friar hereinbrechen, wird er wieder aufgerichtet durch den trostvollen Gedanken an die göttliche Verzeihung [sc. XIII.]:

Bac. "And from those wounds those bloody jews did pierce,
Which by thy magic oft did bleed afresh,
From thence for thee the dew of mercy drops."

Derselbe Gedanke veranlaßt ihn dann zu den bedeutenden Worten [sc. XIII]:

"Bungay, I'll spend the remenant of my life
In pure devotion, praying to my God
That he would save what Bacon vainly lost."

Daß Prospero an Trennung von seiner Zauberkunst denkt, läßt uns schon der erste Akt des Sturmes erkennen. Da stellt er Ariel die ersehnte Freiheit in Aussicht, wenn er sein großes Werk vollbracht habe. [Tp. I. 2. 245]:

Prospero. "What is't thou canst demand?
Ariel. My liberty.
Prospero. Before the time be out? No more."

Die Trennung erfolgt im V. Act, wo der Zauberer wehmütig Abschied nimmt von den Geistern, die ihm gedient haben, von den Elfen der Berge, Bäche und Seen (V. 1. 34 ff.), wo er der Magie entsagt mit den Worten [V. 1. 50]:

Pros. " . . . But this rough magic
I here abjure."

Gleich Friar Bacon, so will auch Prospero reumütig zum Himmel beten, daß er dem Zauberer Gnade bringe und ihn vor Verzweiflung rette [Epil. 15 ff.]:

"And my ending is despair,
Unless I be relieved by prayer
Which pierces so that it assaults
Mercy itself and frees all faults."

Der Verfasser des „Merry Devil" läßt seinen Schwarzkünstler Peter Fabell siegreich und unversehrt aus dem Zauberspiele hervorgehen durch eine vollständige Uebertrumpfung des Teufels.[1]) Zwar erscheint Coreb nach Ablauf der Frist, um seine Beute zu holen und zur Hölle zu schleppen. [M. D. Ind. 17]:

"Why, Scholler, this the houre my date expires;
I must depart, and come to claime my due";

doch fällt er einem Zauberspaße Fabells zum Opfer. Der Be-

[1]) Ueber die Berichte von Virgilius und Paracelsus, die ebenfalls den Teufel anführten, vergleiche man Görres in Scheibles Kloster II. 34. — Andere Stücke, in denen von Ueberlistung des Teufels die Rede ist, z. B. Ben Jonson's "The Devil is an Ass", gehören nicht hierher.

schwörer nötigt ihn auf seinen Zauberstuhl (necromantic chair) und gibt den Teufel nur unter der Bedingung wieder frei, daß er ihm weitere sieben Jahre schenkt. [M. D. Ind. 74]:

Cor. "Unbind me, and by hell I will not touch thee,
Till seauen yeares from this houre be full expirde."
Fab. Enough, come out.
Cor. A vengeance take thy art."

So sehen wir in der Tat:

"The comicke end of our sad Tragique show"
[M. D. Prol. 40–41],

und ähnlich heißt es am Ende von Herford's[1]) Betrachtung über den "Merry Devil of Edmonton":

"If the English Faustus did not thrill the audience by a tragic end, he at least amused them by his clever evasion of it."

Kapitel III.

Quellen der Zaubermacht. Zauberbücher. Vertrag mit dem Teufel. Abstammung von Teufel oder Hexe. Zauberlicht.

Die oben gegebene Einteilung der Zauberer beruht im großen und ganzen auf der Verschiedenheit des Ursprunges ihrer Macht. Die Dramatiker haben infolgedessen nicht verfehlt, nachdrücklich auf die Quellen hinzuweisen, denen die einzelnen Gruppen der Zauberer ihre übernatürliche Gewalt verdanken.

Den ersten wesentlichen Bestandteil der Macht des Zauberers bilden die Zauber- und Beschwörungsbücher (magical books, conjuring books), die zwingende Formeln für das Erscheinen der Geister wie für das Zustandekommen einer magischen Wirkung enthalten. Aus ihnen schöpft die erste Klasse der Beschwörer ihre große Kenntnis der Magie, kraft deren sie über die Geister

---

[1]) Studies p. 196.

gebietet; ihnen entnimmt auch der enchanter seine Zauberformeln, die ihm Gewalt über die Menschen verleihen.

Was zunächst die Art der Wirkungen angeht, die man mit solchen Zauberbüchern erzielen kann, so unterrichtet uns darüber der Teufel selbst, wenn er zu Dr. Faustus spricht [F. sc. V.]:

"Here take this book, and peruse it well:
The iterating of these lines brings gold.
The framing of this circle on the ground,
Brings Thunder, Whirle-winds, Storme and Lightning:
Pronounce this thrice deuoutly to they selfe
And men in harnesse shall appeare to thee
Ready to execute what thou commandst."

Desgleichen überreicht auch Luzifer dem Faustus ein Buch, dessen Studium ihm die Fähigkeit verleiht, irgend eine Gestalt anzunehmen, die er sich wünscht (F. sc. VI.). Schon vorher hatte Valdes erklärt [F. sc. I.]:

"These bookes, thy wit and our experience
Shall make all nations to cannonize us."

Aehnlich spricht der Friar in Greene's Fr. Bac. [sc. II]:

"Bacon can by books
Make storming Boreas thunder from his cave,
And dim fair Luna to a dark eclipse." ......

Robin, der eines von Fausts Beschwörungsbüchern erwischt hat, will gleich die Zauberkraft des Buches versuchen (sc. VIII.). Doch kaum hat er darin die Worte gelesen: "Sanctobulorum Periphrasticon Polypragmos Belseborams framanto pacostiphos tostu, Mephistophilis" etc., als er entsetzt vor deren unerwarteter Wirkung zurückweicht. Er sieht den Mephistophilis plötzlich vor sich stehen; direkt aus Konstantinopel hat er ihn vor sich hingezaubert, so daß er zitternd fleht [sc. IX]:

.... Good devil, forgive me now, and I'll
never rob thy library more."

Wenn die Kraft dieser Bücher derartig ist, dann ist es wohl natürlich, daß der Zauberer ein großes Gewicht auf ihren Besitz wie auf ihren Gebrauch legt. Man kennt die Bedeutung, welche die Zauberbücher für Prosperos Zaubermacht haben. Wie er überhaupt sein Reich verloren hat, weil er „so vertieft in das Studium der Geheimwissenschaften war (Tp. I. 2. 78)“, so beruht auch seine ganze Macht nur auf dem Studium jener Bücher; denn sie zieht er zu Rate, ehe er seine Zauberkünste spielen läßt. Darauf deuten schon die Worte Miranda's [Tp. III. 1. 19]:

"My father is hard at study";

doch erklärt Prospero bald selbst [III. 1. 94]:

Pros. " . . . . . . I'll to my book;
For yet, ere supper time, must I perform
Much business appertaining."

Ebenso spricht der Friar in Greene's Fr. Bac. [sc. II]:

"And therefore will I turn my magic books
And strain out necromancy to thee deep."

Verlust und Vernichtung des Zauberbuches bedeuten Verlust und Untergang der Zaubermacht. Das weiß Bomelio in R. Tr., wenn er zu heller Wut entbrennt bei der Entdeckung, daß Hermione seine im Keller so sorgfältig versteckten Bücher dem Feuer preisgegeben hat. An sie war seine ganze Zaubergewalt gebunden, und mit der letzten Glut ihrer glimmenden Asche ist der letzte Funke seiner Macht erloschen [Dods. VI. 225—26]:

Bom. "Gog's blood! villains! My books, books, did I not leave thee with my books? . . . Thunder and Lightning! fire and brimstone! And all my books are gone, and I cannot help myself nor my friends. . . . The devil, the devil! A-comes, A-comes, A-comes upon me and I lack my books! Help! help! help! Lend me a sword, a sword! O I am gone."

Auch Caliban kennt die Bedeutung der Bücher, wenn er seinem Mitverschworenen Stephano empfiehlt [Tp. V. 1]:

"Remember,
First to possess his books; for without them
He's but a sot, as I am, nor hath not
One spirit to command".

Prospero weist noch einmal auf die Wichtigkeit der Bücher hin, wenn er bei seinem Abschied von der Zauberkunst spricht [Tp. V. 1. 56]:

Pros. . . . . . . deeper than did ever plummet sound,
I'll drown my book."

Ebenso ruft auch Faust, ehe die höllischen Geister ihn zerschmettern [F. sc. XIV.]:

"Come not Lucifer, I'll burn my books."

Somit gesellt sich das Zauberbuch zum Zauberstabe als ein weiteres Abzeichen der Kunst des Beschwörers.

[Fr. Bac. sc. XI.]:
Friar Bacon with a white stick in one hand, a book in the other.
[D. Ch. I. 4]:
Alexander in his study with bookes.
[B. of. M. III. 4.]:
Merlin with a Book.
[M. M.-M. I. 1.]:
Bernard in his studie candle and Bookes about him.

Obschon derartige Zauberbücher damals in ungeheuren Mengen existierten und unter den verschiedensten Namen herausgegeben wurden [1]), ist Marlowe der einzige, der uns einige Verfasser nennt. Faust, der vor Verlangen brennt, einen Geist „herabzuziehen", erhält von Valdes die Weisung [sc. I.]:

"Then haste thee to some solitary grove
And bear wise Bacon's and Albanus' works."

---

[1]) Am bekanntesten ist Fausts Bücherschatz; siehe Lehmann A. u. Z. p. 237. Scheibles Kloster Bde. II—V. — Für andere Zauberbücher verweise ich auf R. Scot's Disc. p. 451 und Drake, Sh. and his Times II. 516—17.

Wenn von der zweiten Gruppe der Beschwörer gesagt wurde, daß sie den Dienst des Teufels nur durch einen Vertrag mit ihm erzielen können, so ist damit die Quelle ihrer Zaubermacht gegeben. Zwar sind auch Faust und Alexander im Besitze von Zauberbüchern, doch gelingt es ihnen damit nur, den Teufel zu zitieren, nicht aber, über ihn zu gebieten und ihn zum Gehorsam zu verpflichten. Dazu bedarf es für sie wie für Peter Fabell noch der Verpfändung ihrer Seele an den Fürsten der Hölle. Mephistophilis verpflichtet sich, dem Dr. Faust zu dienen [sc. V.]:

"So he will buy my service with his soule."

Papst Alexander muss ein Pergament unterschreiben, ehe der Teufel seine Wünsche erfüllt (D. Ch. ll. 50 - 55), und auch von Peter Fabell heißt es in der Einleitung zum "Merry Devil", daß Coreb manches Jahr hindurch seines Winkes harrte [Ind. 32]:

"By composition twixt the fiend and him."

Zur Sicherheit des Teufels muß dieser Vertrag mit dem eigenen Blute des Beschwörers unterschrieben werden [F. sc. V.]:

Meph. "But, Faustus, thou must bequeath it solemnly,
And write a deed of gift with thine own blood;
For that security craves great Lucifer
If thou deny it, I will back to hell."

Da schneidet Faustus mutig in seinen Arm, und unterschreibt mit seinem Blute [sc. V.]:

"Faustus gives to thee his soul."

Und jetzt erst schwört Mephistophilis bei der Hölle und bei Luzifer, dem Zauberer zu dienen und:

"to effect all promises between us made."

Während die Zeichnung des Vertrages sich in Marlowe's Faust zu einer feierlichen „Vertragsszene" (bond-scene) gestaltet, ist sie in "The Devil's Charter" nur in einer Art Pantomime zu Anfang der Tragödie dargestellt. Da sehen wir, wie:

"The Devil ...... strippeth up Alexander's sleeue and letteth his arme bloud in a saucer, and hauing taken a peece from the Pronotary, subscribeth to the parchment; deliuereth it: the remainder of the bloud, the other diuill seemeth to suppe up." (D. Ch. 11. 50 ff.).

Im "Merry Devil" ist der Pakt mit dem Teufel und seine Unterzeichnung mit Blut gänzlich vernachlässigt und gar nicht zur Darstellung gelangt; doch hören wir davon aus dem Munde Coreb's [M. D. Ind. 27]:

Corr. "Didst thou not write thy name in thine own blood,
And drewest the formall deed twixt thee and mee,
And is it not recorded now in hell?"

Eine nicht so verhängnisvolle, aber wohl eine noch ergiebigere Zauberquelle als der Vertrag mit der Hölle ist eine direkte Abstammung des Zauberers vom Teufel (filial relationship towards the devil). Von Zauberern dieser Art begegnet uns nur ein einziger Vertreter, und zwar Merlin in "The Birth of Merlin". Er ist erzeugt vom Teufel mit Jone Goe-too't, gleichwie Caliban in Shakespeare's Sturm vom Teufel mit der Hexe Syrocax erzeugt ist. Gleich bei der Geburt, die unter dem Aufruhr der Natur vor sich geht (B. of M. III. 3), verleiht ihm sein Höllenvater die Gabe der Zauberkunst, so daß:

"— all the world of Merlin's magick singe."

Zur selben Zeit erscheint Lucina mit den drei Schicksalsschwestern, um die Gabe der Prophezeiung und der geheimen Wissenschaften auf sein Haupt auszustreuen [III. 3. 24]:

"In honor of this childe, the Fates shall bring
All their assisting powers of Knowledge, Arts,
Learning and Wisdom, alle the hidden parts
Of all-admiring Prophecy, to fore-see
The event of times to come."

Ja, selbst vom ersten Augenblicke seiner Geburt an sollen er und seine Künste sein [III. 3. 31]:

"manlike in judgement, Person, State and years."

So ausgerüstet sendet der Teufel sein Zauberkind hinaus, daß "ganz England widerhalle" von dem Rufe seiner unerhörten Kunst, und er verläßt es mit den Worten [III. 4. 118]:

".... I will be near at Merlin's call."

Höchst eigentümlich gestaltet sich der Ursprung der Macht des Zauberers Sacrapant in Peele's O. W. T. Zwar hat er von seiner Mutter, der Hexe Meroe, gelernt, die Gestalten der Menschen zu verwandeln (Dyce. p. 449), doch strömt die Hauptquelle seiner magischen Kunst aus einem Zauberlicht (light in a glass), das er sorgfältig im Schoße der Erde verborgen hält, und dessen Glas stärker als der Amboß eines Schmiedes ist [Dyce p. 457]:

Sac. "See here the thing which doth prolong my life,
With this enchantment I do anything;
And till this fade, my skill shall still endure,
And never none shall break this little glass,
But she that's neither wife, widow, nor maid."

In der Tat, schon ist Sacrapant der Hand Jack's erlegen, doch seine charms behalten ihre Kraft. Und erst als die wahnsinnige Venelia, die ja infolge ihrer Verzauberung weder „Weib, Witwe noch Jungfrau" ist, das Glas zerbrochen und das Licht gelöscht hat, beginnt der Bann zu weichen: Delia und Venelia, die beiden Brüder und der "Senex of the Cross", sie alle gewinnen ihre frühere Freiheit und Gestalt wieder und ziehen fröhlich nach Thessalien zurück. (Dyce pp. 457-58.)

Kapitel IV.

Proben der Zauberkunst. Das magische Bankett. Zaubermusik. Zauberspäße. Zauberhafte Gegenstände.

1. Ernstere Geisterschauspiele. — Merlin begleitet seine Wahrsagekunst mit wunderbaren Darstellungen und zauberischen Erscheinungen, um das Schicksal und die Zukunft Vortigers wie des Prinzen zu veranschaulichen.

[B. of M. IV 1]:

> "Merlin strikes his wand. Thunder and lightning; two Dragons appear, a White and a Read; they fight. a while and pause. Thunder, the two Dragons fight agen, and the white Dragon drives off the Read."

[B. of M. V. 2]:

> "Merlin strikes. Hoeboys. Enter a King in Armour, his Sheild quarter'd with thirteen Crowns. At the other door enter divers Princes who present their Crowns to him at his feet, and do him homage; then enters Death and strikes him; he, growing sick, Crowns Constantine."
>
> [Exeunt.]

Friar Bungay zaubert den mit Gold belaubten Baum aus dem Garten der Hesperiden herbei, sowie den feuerspeienden Drachen, der ihn bewacht (Fr. Bac. sc. IX); doch Vandermast schwört den Herkules herauf, daß er die Aeste des Baumes zerbreche (ib.). Faust zaubert Alexander den Großen und seine Geliebte vor Kaiser Karl V. (F. sc. X); und ähnlich erscheinen auf den Ruf des Proximus die beiden Helden des Trojanerkrieges vor Aurelius, beide gerüstet und gewaffnet nach trojanischer Art (B. of M. II 3).

In Shakespeare's Sturm sehen wir Geister in Gestalt von Hunden auftreten und eine Hetzjagd hinter Caliban, Stephano und Trinculo veranstalten (Tp. IV. 1); zur Feier des Verlöbnisses von Ferdinand und Marianda läßt Prospero ein wunderbares

Geisterschauspiel [1]) aufführen, in dem Juno und Ceres ihre Gaben ausstreuen auf das junge Paar, wo liebliche Nymphen sich in graziösem Reigen wiegen, „den Bund treuer Liebe zu feiern" (Tp. IV. 1.).

Eine interessante Erscheinung ist die Einführung eines magischen Banketts [2]) in einzelnen Dramen, d. h. das Herbeizaubern von kostbaren Mahlzeiten oder von frischen Früchten und Blumen zur Winterszeit. Mit einem solchen Zaubermahl will Sacrapant in Peele's O. W. T. die schöne Delia erfreuen, die er von dem Hofe ihres Vaters in sein Zauberreich entführt hat. Sie darf selbst das Mahl bestimmen und so wünscht sie sich [Dyce p. 450]:

"The best meat from the King of England's table and the best wine in all France, brought in by the veriest knave in all Spain."

Da spricht Sacrapant die Formel:

"Spread, table, spread" etc.

und gleich erscheint ein Friar, der einen Lendenbraten und eine Kanne Wein vor die erstaunte Königstochter setzt (Dyce p. 450).

Das bekannteste Beispiel dieser Art ist wohl der Korb voll frischgepflückter Weintrauben, den Faust in „toter Winterszeit" direkt aus dem „sonnigen Osten" vor die Herzogin von Anhalt zaubert [F. sc. XII]:

Duchess. ". . . . . I would desire no better meat
than a dish of ripe grapes.
Faust. Alas, madam, that's nothing. —
[Re-enter Mephistophilis with grapes].
Here they be, madam . . . . . .
Duchess. Believe me, Master Doctor, they be the best
grapes that e'er I tasted in my life before."

---

[1]) Ueber die näheren Beziehungen dieses Geisterschauspiels zu den Motiven der Aktion des Stückes vergleiche H. Ulrici, Sh.'s dram. Kunst II. 252.

[2]) Eine Menge Beispiele dieser Art, wie z. B. die Berichte von Tritheim, Albertus Magnus, Numa Pompilius, Erloffus etc. sind von O. Ritter zusammengestellt worden in s. Königsberger Dissertation über Greene's Fr. Bac 1866. p. 29—31.

Aehnlich bringen auch Prospero's Geister ein Bankett vor den König Alonso und laden ihn ein zum Mahle [Tp. III. 8]:

„Enter several strange shapes, bringing in a banquet ... and, inviting the king to eat, they depart."

Doch ehe noch der König Zeit hat, sich an den Freuden des Zaubermahles zu laben, verschwindet es wieder auf demselben geheimnisvollen Wege wie es gekommen ist [Tp. III. 3]:

"Ariel, like a harpy, claps his wings upon the table, and with a quaint device, the banquet vanisheth."

Einen lieblichen Zug gewinnen die Dramen durch die Verwendung geheimnisvoll tönender Zaubermusik, die offenbar den Zweck hat, eine beabsichtigte dramatische Wirkung zu erhöhen. Der unsichtbare Shrimpe in A. Munday's J. K. verlockt durch seine wunderbare Musik Oswen und Amery, ihm zu folgen, bis sie ihren Weg verlieren und auf einsamem Gefilde vom Schlafe übermannt niedersinken. Während dessen gewinnen Griffin und Powesse Zeit, ihre beiden Geliebten den Schlummernden zu entführen und unter den triumphierenden Zauberklängen des Glockenspieles John a Kent's hinwegzuziehen, der nunmehr seinen Rivalen John a Cumber besiegt hat (act. IV).

Eine größere Bedeutung hat Shakespeare dieser Zaubermusik beigelegt in seinem Sturm. Hier ist die ganze Luft der Zauberinsel mit höchst wunderbaren Tönen angefüllt, wie uns die Worte Calibans lehren [Tp. III. 2. 144]:

"Be not afeard; the isle is full of noises,
Sounds and sweet airs, that give delight and hurt not.
Sometimes a thousand twangling instruments
Will hum about mine ears, and sometimes voices
That, if I then had waked after long sleep,
Will make me sleep again."

Dieselbe geheimnisvolle Musik bereitet uns auf das Erscheinen der Geister Prospero's vor. Sie leitet das Geisterschauspiel ein im vierten Akte [Tp. IV. 1. 60]:

"No tongue! All eyes! be silent."
[Soft music].

Aehnlich [III. 3. 82]:

". . . . . then to soft music enter the shapes again."

Wunderbar gestaltet sich alsdann die Wirkung, welche diese Geistermelodien auf die Personen des Stückes ausüben. Berückend und lockend, tröstend und heilend ist ihre Macht. Gleich Shrimpe in Munday's J. K., so erfüllt auch Ariel die Luft mit solch harmonischem Hauch, daß Ferdinand bezaubert den tröstenden Klängen bis zur Zelle Prosper's folgt [Tp. I 2. 389]:

"Sitting on a bank,
Weeping again the king my father's wreck,
This music crept by me upon the waters,
Allaying both their fury and my passion . .
With its sweet air: thence I have follow'd it
Or it hath drawn me rather."

Selbst Caliban, Trinculo und der halbtrunkene Stephano werden von des Luftgeists "tabor and pipe" mit fortgezogen [IV. 2. 157]:

Trin. "The sound is going away; let's follow it, and after do our work.

Ste. Lead, master; we'll follow. I would I could see this taborer."

Ariel selbst beschreibt die sonderbare Wirkung [1]) seiner geheimnisvollen Musik, wenn er zu Prospero spricht [IV. 1. 178]:

Ariel. " — — so I charm'd their ears
That calf-like they my lowing follow'd through
Tooth'd briers, sharp furzes, procking goss and thorns
Which enter'd their frail skins."

---

[1]) Douce zieht hier in seinen Ill. of Sh. I. 23. die Geschichte von dem "Mönchen und dem Knaben" zum Vergleiche heran:

"Jacke took his pipe and began to blowe
Then the frere, as I trowe,
Began to daunce soone;
The breres scratched 'hym in the face" etc.

Die hervorragendste Verwendung findet die Zaubermusik im Sturm bei der Lösung des Hauptknotens im fünften Akt; denn es ist Ariel's „himmlische Musik“, die den Wahnsinn der drei „Sündenmänner“ verscheucht und die Verzauberten wieder zurückruft aus ihrer tiefen Geisteszerrüttung (Tp. V. 1).

Shakespeare hat noch in anderen Stücken die Wirkungen übernatürlicher Musik geschildert, wie z. B. in Ant. IV. 3; Per. V.; oder H 4 A III. 1. Wir werden dadurch zugleich an den Gesang der Elfen in Lyly's End. IV. 3. erinnert und an das Zauberlied des Meermädchens in Sh.'s Mids. [II. 1. 151]:

"Uttering such dulcet and harmonious breath
That the rude sea grew civil at her song
And certain stars shot madly from their spheres,
To hear the sea-maids music."

2. An die magischen Darstellungen und Wirkungen ernsterer Art schließt sich in buntem Wechsel eine Reihe von Zauberspäßen an, die sich die Zauberer mit den verschiedenartigsten Personen erlauben. Der erste Zauberstreich, den Faust zu spielen wagt, ist ein toller Bankettspaß mit dem Papste, ein Scherz, der zugleich die Richtung gegen den Katholizismus etwas handgreiflicher hervortreten läßt als das Volksbuch. Die feinsten Schüsseln, die feinsten Leckerbissen, die der Papst für sich und seinen hohen Gast, den Erzbischof von Rheims, auftragen läßt, zaubert ihm Faust vom Munde weg und verschmaust sie selbst. [F. sc. VII.]:

Pope. "How now! who's that which snatched the meat from me?
.... What, again? .... Once again, my lord, fall to."
[The Pope crosses himself ..... and Faustus
hits him a box of the ear; and they all run away].

In ähnlicher Weise prellt Faust den Roßstäuscher, wenn er ihm für vierzig Dollar ein Pferd aufschwindelt, das in der Schwemme unter dem Reiter zu einem Heubündel wird (sc. XI.), oder den Fuhrmann, dem er ein ganzes Fuder Heu vor seinen Augen auffrißt (sc. XII. Ed. 1616). Als dann später der geprellte

Pferdehändler und der gefoppte Fuhrmann in den herzoglichen Saal von Anhalt gestolpert kommen, um ihr Geld von dem höllischen Gaukler zurückzufordern, da macht Faust ihrem Wortschwall ein Ende, indem er einen nach dem andern der Sprache beraubt (sc. XII. Ed. 1616). Ebenso tut Merlin dem Redefluß des Narren Einhalt mit seinem Zauberstabe und beraubt ihn der Sprache in W. Rowley's B. of M. [IV. 5. 84]:

Mer. "True, I must tie it up. Now speak your Pleasure Uncle.
Clown. Hum, hum, hum, hum "

Friar Bacon, um den Doktoren zu zeigen, was Burden letzte Nacht getrieben hat, zaubert die Wirtin des ungläubigen Doktors aus der Küche der „Glocke" zu Henley direkt nach Oxford, so daß der dadurch entlarvte Burden wütend ausruft [Fr. Bac. sc. II.]:

"A plague of all conjuring friars."

Merlin zaubert dem Narren abwechselnd ein paar Taler aus der Tasche und in dieselbe, um ihm eine scherzhafte Probe seiner Kunst zu geben. Schließlich bemerkt der Clown [B. of M. IV. 1. 89]:

"Oh, but 'tis ill jesting with a man's pockets, tho!
But I am glad to see your cunning, cousin."

Wie Faust dem Benvolio für seine Ungläubigkeit ein Hirschgeweih an den Kopf zaubert (F. sc. X. Ed. 1616), so bekommen in ähnlicher Weise Agripyna und zwei Höflinge in Tho. Dekker's "Olde Fortunatus" Hörner [1]) nach dem Genusse der Zauberäpfel, die Shaddowe und Andelocia vor dem Schlosse angepriesen hatten (O. F. ll. 2157 ff).

Zu den Zauberspäßen gehört weiterhin die bekannte Ueberlistung des Teufels in dem Zauberstuhle durch denselben P. Fabell, den das Volk wegen seiner ergötzlichen Zauberscherze den

---

[1]) Wie werden dadurch erinnert an Märchen wie: Die lange Nase; das Märchen von der langen Nase; die Prinzessin mit dem Horn etc. Man vergleiche darüber: Harzmärchenbuch pp. 48—55; Phöbus, ein Journal f. d. K. Dresden 1808. 6. Stück pp. 8—17; G. Schamhach u. W. Müller: Nieders. Sagen und Märchen. Göttingen 1855 pp. 310 ff.

lustigen Teufel von Edmonton nannte (siehe Kap. II. p. 21). Merlin überlistet den Teufel in ähnlicher Weise, doch während Fabell den höllischen Geist wieder frei läßt, nachdem er ihm weitere sieben Jahre versprochen hat, schließt er seinen Höllenvater für immer im Schoße der Erde ein [B. of M. V. 1]:

„ ... The Rock incloses him.“

Endlich sind hier die komischen Wirkungen solcher Zaubergegenstände anzuschließen, wie sie in Tho. Dekker's „Olde Fortunatus“ zur Verwendung gekommen sind. Fortuna beschenkt hier Fortunatus mit einem Zaubersäckel (magical purse), das die Wunderkraft hat, dem Besitzer Gold zu spenden, so oft er die Hand hineinsteckt (O. F. ll. 308—11). Verwundert betrachtet Fortunatus das Geschenk; denn noch fühlt er nichts, „was ihn der Gesellschaft von Prinzen und hübschen Damen würdig machen könnte“. Da greift er hinein, und — ein Goldstück nach dem andern zieht er heraus [O. F. ll. 344 ff]:

Ha ha, 1, 2, 3, 4, 5, 6, 7, 8, 9 and 10; good just ten. Its gold sure, its so heauie, trie againe: 1, 2 etc. Good againe, iust ten, and iust ten. Ha, ha, ha, this is rare: a leather mint, admirable.“

Der Sultan desselben Stückes besitzt noch zwei weitere zauberhafte Gegenstände. Abgesehen von den:

„two siluer Dooues,
Compos'd by Magicke to diuide the ayre,
Who as they flie shall clap their siluer wings,
And giue straunge musicke to the Elements“

(O. F. ll. 782 ff.), nennt er noch einen Zauberhut[1]) (wishing-hat) sein eigen, der die Kraft besitzt, den Träger jederzeit an

[1]) Eine zusammenfassende Uebersicht über alles, was über den Ursprung derartiger Zauberdinge bisher geschrieben ist, sowie über ihre Verwandtschaft mit andern Wunschgegenständen, wie z. B. Zauberstiefel, Zauberring, die indische tiraskariṇī etc., findet sich in Scherers Ausg. von Tho. Dekker's Olde Fort. Einl. Kap. V. — Für die Geschichte von dem

den Ort seines Wunsches zu bringen. (O. F. ll. 819—21.) Gleichwie Faust sich einen Zauberscherz mit dem Papste erlaubt, so überlistet Fortunatus hier den Sultan, indem er ihn in sehr ergötzlicher Weise um den Besitz dieses Zauberhutes bringt. Kaum hat er mit seiner Erlaubnis den Hut aufgesetzt, als er den Wunsch ausspricht, bei seinen Söhnen in Cypern zu sein und vor den Augen des Sultans in der Luft verschwindet (O. F. l. 840). Er landet glücklich in Cypern, wo er vor seinen überraschten Söhnen erklärt [ll. 936 ff.]:

> "I haue cut through the ayre like a Falcon; I would haue it seeme strange to you. But 'tis miraculous and true: desire to see you, brought me to Cyprus."

Mit Hilfe desselben Zauberhutes entführt später Andelocia die schöne Agripina vom Hofe ihres Vaters in eine Wildnis (O. F. l. 1893); und mit seiner Hilfe entflieht ihm die Geliebte wieder, nachdem sie den Wunsch ausgesprochen hat [l. 1991]:

> "O England, would I were againe in thee". [Exit.]

Kapitel V.

Die dienstbaren Geister und ihre Einteilung.

I. Die Theurgie. — Shakespeare läßt seinen Prospero über vier Arten der guten Geister gebieten, und zwar über die Geister der vier Elemente: Erdgeister, Luftgeister, Geister des Wassers und des Feuers. Jede Gruppe dient dabei Prospero zu besonderen Zwecken.

1. Die Erdgeister (spirits of earth, goblins) werden von Prospero zur Bestrafung der Bösen benutzt. Wie furchtbar ihre

---

hölzernen Zauberpferde verweise ich in der franz. Lit. auf den Abenteuerroman „Cleomades“ des Adenet le Roi sowie anf den Roman „Meliacin“ des Girart von Amiens.

Wirksamkeit ist, hören wir durch Caliban, als er den Zauberer verflucht [Tp. II. 2. 3 ff.]:

Cal. „..... His spirits hear me
And yet I needs must curse. ....
For every trifle are they set upon me:
Sometime like apes, that moe and chatter at me:
And after bite me; then like hedge-hogs which
Lie tumbling in my bare-foot way, and mount
Their pricks at my footfall: sometime am I.
All wound with adders who with cloven tongues
Do hiss me into madness."

In der Tat werden die Erdgeister später von Prospero beauftragt, in der Gestalt von Hunden den Caliban und seine Genossen zu peinigen [Tp. IV. 1. 259].

Pros. „Go, charge my goblins that they grind their joints
With dry convulsions; shorten up their sinews
With aged cramps; and more pinch-spotted make them
Than pard or cat o' mountain. ...
Let them be hunted soundly."

2. Die Luftgeister (airy spirits) bilden den größten Teil des Geisterschauspieles in IV. 1. Es sind jene Geister, die nach Vollendung ihres Spiels [Tp. IV. 1. 150]:

„Are melted into air, into thin air."

Ariel, der Hauptvertreter dieser Klasse, gibt eine Beschreibung der niedlichen und winzig kleinen Erscheinung der Luftgeister, wenn er im Gefühle der nahen Freiheit von sich singt [Tp. IV. 1. 88]:

Ariel. „Where the bee sucks, there suck I;
In a cowslip's bell I lie:
There I couch when owls do crie.
On the bat's back I do fly,
After summer merrily.
Merrily, merrily shall I live now,
Under the blossom that hangs on the bough."

3. Die Wassergeister zerfallen wieder in die Elfen der Bäche und Seen (elves of brooks and standing lakes), von denen Prospero so rührenden Abschied nimmt V. 1. 33 ff., und in die Nymphen (sea-nymphs), die den schiffbrüchigen Ferdinand mit den lieblichen Tönen ihres Zaubergesanges trösten [I. 2.]:

Ferd. "This music krept by me upon the waters."

Dieselben Nymphen nehmen auch an dem oben erwähnten Geisterschauspiele teil, wo sie von Iris folgendermaßen beschrieben werden [IV. 1. 129]:

Iris. "You nymphs, call'd Naiads, of the winding brooks,
With your sedged crowns and ever harmless looks
Leave your crisp channels." .....
[Enter certain Nymphs].

4. Als Feuergeist erscheint Prospero's dienstbarer Geist Ariel, wenn er das Schiff in Brand setzt und wie züngelnde Flammen bis zu den Spitzen des Mastes klettert [Tp. I. 2. 196]:

„Now in the beak,
Now in the waist, the deck, in every cabin
I flam'd amazement: Sometime I'ld divide
And burn in many places; on the topmast
The yards and bowsprit, would I flame distinctly
Then meet and join" etc.

Ariel erscheint überhaupt als Repräsentant der vier Arten der Elementargeister. Wir sehen ihn noch als „Wassernymphe" erscheinen in I. 2; und seine Funktion als Erdgeist geht aus folgender Stelle hervor [Tp. I. 2. 252];

Pros. "Thou dost, and think'st it much to
tread the ooze
Of the salt deep = Wassergeist.
To run upon the sharp wind of the
north = Luftgeist.

To do me business in the veins o'
the earth = Erdgeist.
When it is baked with frost.

Shakespeare hat den Geistern seines Zauberers eine Bedeutung zugewiesen, auf die wir in anderen Zauberdramen vollständig verzichten müssen. Er läßt Prospero's Geister lohnend und strafend in die Handlung eingreifen und gleichsam das Schwungrad bilden, das die dramatische Entwicklung forttreibt.[1]) Und nicht mit Unrecht bezeichnet daher Ariel sich und seine Genossen als die Diener des Geschickes [Tp. III. 3. 60]:

Ariel. "I and my fellows
Are ministers of fate."

Proximus in B. of M. scheint außer über seine höllischen Geister auch über die vier Arten der guten Geister zu gebieten, wie aus seinen Worten hervorgeht [B. of M. II. 3]:

"Speak your desires, my Lord, and be it placed
In any angle underneath the Moon,
The center of the Earth, the Sea, the Air,
The region of the fire, nay hell itself,
And I'll present it."

Die Geister der vier Elemente werden ferner erwähnt in Marlowe's Faust (sc. I. 199), und in Fletcher's "Monsieur Thomas" (1639), wo die Aebtissin den vermeintlichen Geist in der Halle des Klosters beschwört mit den Worten [M. Th. V. 8]:

"Spirit of earth or air, I do conjure thee,
of water or of fire" — .

In der Beschwörungsformel des Faust (sc. III.) werden die Elementargeister insofern genannt, als jede Zitation des Teufels eine Begrüßung der guten Geister enthalten, und überhaupt der Beschwörer die Namen der guten Geister in seinen Kreis zeichnen muß, um Gewalt über die Geister der Hölle zu bekommen[2]).

[1]) Ulrici, Sh.'s dram. Kunst. II. 252.

[2]) Vgl. Kap. VI. p. 62.

Deshalb ist auch die Lesart: "Ignei, aërii, aquatani spiritus, salvete", in verschiedenen Ausgaben des Marlowe'schen Faust (Ward, Ellis etc.) als eine korrupte Stelle anzusehen und nur die Lesart: "Ignis, aëiris, aquae, terrae spiritus, salvete", die auch in der kritischen Ausgabe von Breymann (1885) erscheint, als die richtige zu bezeichnen.[1])

Die Luftgeister finden noch einmal Erwähnung in Ben Jonson's Sad Shepherd bei der Beschreibung des Aufenthaltes der Hexe Maudlin durch Alken [B. J. S. Sh. II. 8]:

"There, in the stocks of trees, white
Faies do dwell,
And span-long Elves, that dance about
a poole.
With each a little changeling in their armes!
The airie spirits play with falling starres
And mount the Sphere of fire, to kisse
the Moone."

Die Spiritus Astrales und Planetares, die in D. J. Fausti schwarzer Rabe[2]) neben den Elementargeistern als "Gute Geister" aufgezeichnet sind, oder die Subterranei et lucifugi, die R. Scot in seiner Discoverie hinzugefügt, haben in den Dramen keinerlei Berücksichtigung gefunden.

II. Die Necromantie[3]) — Alle Beschwörer außer Prospero beschäftigen sich fast ausschließlich mit den bösen Geistern der Hölle.

Es ist leicht. hier eine sog. „Höllenregierung" (infernal government) zusammenzustellen aus dem Heere der höllischen Geister, die den Teufelsbeschwörern Dr. Faustus, Bacon, Dunstan,

[1]) Man vergleiche K. J. Schroeer, Zu Marlowe's Faust. Anglia Bd. V. 134.

[2]) Scheibles Kloster Bd. V.

[3]) Ueber die mittelalterliche Verschiebung des Wortes necromantie zu der Bedeutung Schwarzkunst durch Verwechslung mit nigromantie vgl. Soldan, Gesch. d. Hexenprozesse. 2. Ausg. I. 198; Lehmann A. u. Z. p. 21; v. d. Velde Einl. zu s. Uebers. von M.'s Faust. Kap. III.

Alexander, Fabell, Proximus, Merlin, Bernard und Bolingbroke dienen; und zwar gestaltet sich die Herrschaft der Teufel, von der bekanntlich auch in den Kapiteln III, XIII und XXIII des Spies'schen Faustbuches die Rede ist, wie folgt:

Als oberster Teufel thront fast allgemein Luzifer, der als solcher verschiedene Benennungen führt:

[F. sc. III. 64]: Arch-regent and commander of all spirits.
[F. sc. III. 67]: Prince of hell.
[M. D. Ind. 67]:
Coreb. "Darst thou deride the minister of darkenes? In Lucifer's dread name, Coreb coniures thee to set him free."

Aehnlich heißt es in Milton's Par. Lost [I. 81]:

"The arch-enemy, and thence in heaven called Satan."

Von den Großfürsten der Hölle wird nur Belzebub genannt in Marlowe's Faust, wo ihn Luzifer bezeichnet als seinen

"companion-prince in hell" (sc. VI. 92).

Mephistophilis, der in den Beschwörungsbüchern stets unter den Großfürsten aufgezählt wird, ist im Faust ein "Diener des großen Luzifer" (sc. III 40; V. 30).

Die Herrschaft der Teufel in den „vier Winkeln der Erde" ist folgendermaßen verteilt:

[D. Ch. IV. 1]:
Vionatraba (east), Suseratos (west),
Aquiel (north), Machasel (south).

[Chr. M. F.]:
sc. V. 104. Prince of the East = Lucifer.
sc. III. 17. Orientis princeps = Belzebub.

[Fr. Bac.]:
sc. IX. 144. Guider of the north = Asmenoth.
sc. XI. 109. Ruler of the north = Asmenoth.

[Ch B. d'A. IV. 1]:
Occidentalium legionum spiritualium imperator magnus ille Behemoth.

Am bekanntesten waren damals die beiden Geister Astaroth und Demogorgon.

Astaroth ist jener Geist, dem Alexander seine Seele ververschreibt in D. Ch, wo er erwähnt wird ll. 829, 855, 2985 und 2989. Er wird von Dunstan zitiert in M. Kn (Dods. VI. 576); ist beschrieben in R. Scot's Disc. Ed. 1584 p. 384, und wie bekannt er gewesen sein muß, geht daraus hervor, daß er sogar in der Parodie [1]) auf die Beschwörigungskunst in Fletcher's Ch. (V. 3) genannt wird.

Demogorgon erscheint in Greene's "Friar Bacon" als: „master of the fates" (sc. XI. 110); und in "Orlando Furioso" heißt es [Dyce p. 105]:

"Tuque Demogorgon qui noctis fata gubernas,
Qui regis infernum solium, coelumque, solumque."

Marlowe erwähnt ihn noch in 1 Tamberlaine IV. 1; Spenser in F. Q. I. 1. 37 und Milton in Par. Lost II 964.

Von den anderen dienstbaren Geistern der Hölle werden noch genannt:

Belchar, in F. sc. IV. und D. Ch. IV 1.
Belcephon, in Fr. Bac. sc. II. 56; 118; sc. IX. 143.
Asmath, in Sh. H. 6 B. I. 4. 26.
Coreb, dem P. Fabell seine Seele verpfändet in M.D.(Ind).
Cartophylax, Behemoth, in Ch. B. d'A. IV. 1.
Belimote, Argiron, Asterote, Belimoth in F. sc. X. Ed. 1616.
Gargatel, Tariel, Ganiel, Michael, Dardael, Huratipel, King Varca, Andas Cynaball in D. Ch. IV. 1.
Asmenoth, Asmody, in J. C. M. M.-M. I. 1.
Armel, Plesgeth, in B. of M. II. 3.

Die Spiritis familiares (= attendant demons) werden erwähnt in Merlowe's Faust, wo Wagner zu dem Narren sagt [F. sc. IV. 26]:

"I'll turn all the lice about thee into familiars,
And they shall tear thee in pieces."

---

[1]) Siehe Kap. XI.

Aehnlich heißt es in Shakespaere's H 4 B. [IV. 7. 112]:

"Away with him! he has a familiar under his tongue,"

oder in Fletcher's Bl. Br. [IV. 2]:

"Where his familiars may tell him of it."

Solche vertraute Dämonen sind wohl auch jene Teufel, die John a Kent nach der Meinung Hugh's stets mit sich führt [M. J. K. Collier p. 40]:

"He never goes abroad without a hell of devilles about him, that if one speak but an ill word of him, he knowes it by and by."

Die familiares besitzen die Fähigkeit, die Gestalt von Fliegen anzunehmen. Als solche werden sie von Subtle verkauft in Ben Jonson's Alc. (Arg. 9 I. 2; I. 3).

Anspielungen auf diese Geister finden sich in F. sc. X 4; Mass. Parl. of L. IV. 2; und Fl. Ch. V. 3.

Endlich ist auch den sog. "antics" eine kleine Rolle zugewiesen. John a Kent zaubert vier dieser Geister auf die Bühne und läßt sie vier Lieder singen, um seinen Rivalen irre zu führen (M. J. K. act. III). Der Teufel in W. Rowley's B. of M. ruft sie herbei, daß sie durch einen Tanz die Mutter Merlins erfreuen und ihre Schmerzen lindern [B. of. M. III. 3]:

"Anticks shall dance and Musick fill the room" — [Dance].

Merlin selbst hat einen kleinen "antic" in seiner Begleitung in B. of M. IV. 1.

Hiermit sind die Arten der Geister, die unseren Beschwörern dienen, erschöpft. Es sei nur noch erwähnt, daß Melissa einmal Satyrn ihre Reigen aufführen läßt in Greene's Orl. Fur. (Dyce p 105), und daß Sacrapant in Peele's O. W. T. über zwei Furien gebietet, die den Huan auf des Zauberers Befehl davonschleppen (Dyce. p. 450). Damit bilden beide eine Ausnahme in der Gruppe der "enchanters", die in der Regel nicht die Hilfe der Geister in Anspruch nehmen (vgl. Kap. VII).

Kapitel VI.

Die Macht der Geister. Gründe, weshalb der Beschwörer sie „herabzieht“. Methoden der Beschwörungskunst. Beschwörungs- und Entlassungsformeln. Erscheinen der Geister. Zeit und Dauer ihrer Dienstbarkeit, ihr Murren, ihre Auflehnung gegen den Beschwörer.

Wenn der Beschwörer mit den Geistern in Verbindung tritt und sie zum Dienste oder zur Befragung „herabzieht“, so schreibt er ihnen eine gewisse Macht zu, die über menschliche Kräfte und Künste hinausgeht, ein Wissen, das alles menschliches Ermessen weit übertrifft. Ja, die Geister geben ihm sogar selbst Aufschluß darüber, welcher Art die Macht ist, die sie besitzen und in seinen Dienst stellen können [F. sc. I. 142]:

Cornelius. "The spirits tell me they can dry the sea,
And fetch the treasure of all foreign wrecks,
Ay, all the wealth that our forefathers hid
Within the massy entrails of the earth."

So groß ist das Wissen der Geister, daß sie in Zorn geraten, wenn man sie aus ihrem Reiche zur Aufdeckung solch kleiner Geheimnisse herauszwingt, wie sie z. B. der Friar in Chapman's B. d'A. zu wissen verlangt [IV. 1]:

Behemoth. "Why call'dst thou me to this accursed light
To those light purposes? I am emperor
Of that unscrutable darkness where are hid
All deepest truths, and secrets never seen ....
Any of this my guard that circle me
.... can do ten parts more
Than open such slight truths as you require."

Bernard in J. C's. M. M.-M. findet in dem Zauberbuche seines Meisters über die Macht des Geistes Asmody geschrieben, daß [I. 1]:

"he giveth the Ring of vertues, he teacheth Geometry, Arithmetick, Astronomie: he maketh a man inuisible. He sheweth the places where Treasure lye."

So kann denn die Zauberin Medea in Greene's Com. Hist den aus dem Reiche Pluto's heraufbeschworenen Calchas auffordern, dem Großtürken Amurack das Ende seines Krieges in Traumbildern (fleshless visions) zu zeigen (Dyce. p. 235). Papst Alexander will „alle die großen Teufel“ heraufbeschwören, um Aufschluß über den Mörder seines Sohnes zu erhalten (D. Ch. IV. 1). Bolingbroke erfährt von dem beschworenen Geiste das Schicksal des Königs und der Herzöge von Suffolk und Somerset (Sh. H 6 B. I. 4. 31-41), gleichwie Dunstan von dem zitierten Teufel vernimmt [M. Kn. Dods VI. 577]:

"Then thus: The king doth mean to murther Ethenwald."

Bernard beschwört den Geist Asmenoth, damit er ihm zu dem Zauberring verhelfe (J. C. M. M-M. I. 1), und ähnlich heißt es in T. Lupton's "Moral and Pitieful Comedie [1]) All for Money" [Prol.]:

"How many for money have spirits and devils coniured."

Der Friar in Chapman's B. d'A. beschwört den Geist Behemoth, damit er erfahre [IV. 1]:

What now the Monsieur and Mountsurry do
And see the secret paper that the Monsieur
Offer'd to Count Montsurry" . . . . . . ,

woraufhin Behemoth den ihn begleitenden Geist Cartophylax entsendet:

"to fetch that paper."

Bussy selbst beschwört den Teufel, weil er zu wissen wünscht [B. d'A. V. 1]:

"How my dear mistress fares, and be inform'd
What hand she now holds on the troubled blood of her
incensed lord";

---

[1]) Gedr. in Halliwell's Literature of the 16th and 17th Centuries. London 1851.

er erhält zur Antwort [ib.]:

Spirit. "Thus .... to explicate thy fate
I come and tell thee that if thou obey
The summons that thy mistress next will send thee,
Her hand shall be thy death."

Was die Art und Weise selbst angeht, die Geister zu zitieren, so ergibt sich als Hauptmethode der Geisterbeschwörung: die sog. Kreismethode (circular method)[1]). Zu ihrer Erläuterung wähle ich die beiden großen Beschwörungen in "The Tragical History of Doctor Faustus" und in "The Devil's Charter". [F. sc. III.]:

Faust tritt heraus in einen dunklen Hain, um zum ersten Male zu versuchen, „ob die Teufel seinem Rufe folgen werden". Er zeichnet den Kreis und spricht:

Der Kreis und seine Zeichen.

"Within this circle is Jehovah's name
Forward and backward anagrammatiz'd
The breviated names of holy saints,
Figures of every adjunct to the heavens,
And characters of signs and erring stars
By which the spirits are enforc'd to rise."

Es folgt dann die Beschwörung des Mephistophilis:

Anrufung Gottes, der guten Geister[2]) und der höllischen Monarchen.

"Sint mihi dei Acherontis propitii! Valeat numen triplex Jehovae! Ignis, aëris, aquae, terrae spiritus saluete! Orientis princeps Belzibub, inferni ardentis monarcha et Demogorgon, propitiamus vos, ut appareat et surgat Mephistophilis — quid tu moraris? Per Gehouam, Gehennam et consecratam aquam quam nunc spargo, signumque crucis quod nunc facio, et per vota nostra ipse nunc surgat nobis dicatus Mephistophilis!" [Enter Mephistophilis.]

---

[1]) Eine Beschreibung der Methode findet sich bei Lehmann, A u. Z. p 191 ff. und bei Hazlitt, Pop. Aut. III. 107 ff.

[2]) Vgl. Kap. V. p. 55.

Etwas ausführlicher hat Barnes eine solche Beschwörung geschildert in D Ch. [IV. 1. 11 1751 f.]:

Kreis. "After Bernardo had censed he bringeth in coles and Alexander fashioneth out his circle, then taketh his rod. ...... standing without the circle he waneth his rod to the East.

And calleth upon | Vionatraba.
To the West. | Suseratos.
To the North. | Aquiel.
To the South. | Machasael.

Formel. Coniuro, et confirmo super vos in nomine Eye, eye, ey; hast up & ascende pernomen ya, ya, ya; he, he, he; va; hy, hy; ha, ha, ha; va, va, va; an, an, an;
Fiery exhalations lightning thunder ascend a King, with a red face crowned imperiall riding upon a Lyon, or dragon: Alexander putteth on more perfume [1]) and saith:
I coniure thee by these aforesaid names,
That thou receaue no phantasmatike illusions."

Schon zu Anfang der Barnes'schen Tragödie benutzt der Mönch diese Methode bei der Beschwörung des Teufels (D. Ch. 11. 85 ff). Sie kommt ferner zur Anwendung in J. C. M. M-M. (I. 1), und in Shakespeare's H 6 B [I 4]:

"Here they do the ceremonies belonging and make the circle; Bolingbroke or Southwell reads Conjuro te etc. It thunders and lightens terribly; then the Spirit riseth."

Anspielungen auf den Beschwörungskreis (conjuring-circle) finden sich in Tho. Dekkers O. F. (1. 21); Websters "Tragedy of the

[1]) Das Rauchwerk dient dazu, die Geister länger zu halten: "for the devils are observed to have delicate nostrils, abominating and flying some kind of stinks: witness the flight of the evil spirit into the remote parts of Egypt, driven by the smell of a fish's liver burned by Tobit" (Hazlitt, Pop. Ant. III. 105).

Duchess of Malfi" (I. 2); und Shirley's Komödie "The Brothers" (III. 2).

Im "Merry Devil" müssen wir leider auf die Beschwörungskunst des gelehrten Fabell verzichten; doch erfahren wir am Schlusse des Prologs, daß er seine Geisterbeschwörungen in dem berühmten Zauberstuhle ausführt [M. D. Prol. 37]:

"And by him stands that Necromantic Chaire
In which he makes his direfull inuocations
And binds the fiends that shall obey his will."

Der Beschwörer darf nicht aus seinem Kreise heraustreten, ehe er den Geist entlassen hat; setzt er nur einen Fuß über ihn hinweg, so verfällt er dem Teufel mit Leib und Seele[1]). Dreimal mahnt daher der Teufel den Papst Alexander [D. Ch. IV. 1. ll. 1786; 1800; 1810]:

"Keepe a firme station, stir not for thy life."

Desgleichen müssen etwaige Begleiter des Beschwörers in tiefer Schweigsamkeit und Unbeweglichkeit verharren während der Anwesenheit des Geistes [Ch. B. d'A IV. 1.]:

Friar. "Stand sure together, then, whate'er you see
And stir not, as ye tender all our lives."

Aehnlich heißt es im Sturm [IV. 1. 124]:

Pros. "Sweet, now, silence!
..... hush, and be mute,
Or else our spell is marr'd";

oder in Fletcher's Ch. [V. 3]:

Vecchio. "I do beseech your grace, sit down; and you sir.
Nay, pray sit close, like brothers.
And what ye see, stir not at, nor use a word,
Until I ask you."

Wenn von der ersten Klasse der Beschwörer gesagt wurde, daß sie infolge ihrer großen Kenntnis der Magie über die Geister

---

[1]) Hazlitt, Pop. Ant. III. 107.

gebieten, so ist das so zu verstehen, daß es für sie keiner weiteren Methode für das Zitieren der Geister bedarf. Ihre Zaubermacht ist so gewaltig, daß der Geist fast auf den einfachen Ruf seines Namens hin vor ihnen erscheinen muß. So rufen:

Friar Bacon: "Per omnes deos infernales, Belcephon".
[sc. II.] — [Enter Hostess with a shoulder of mutton on a spit, and a Devil.]
Vandermast in Gr. Fr. Bac.: "Hercules! Prodi, prodi, Hercules."
[sc. IX.] — [Hercules appears in his lion's skin.]
Dunstan in M Kn.: "Astoroth, ascende! veni, Astoroth, Astoroth,
[Dods. VI. 576.] veni." — [Enter the Devil.]
Proximus in B of M.: "Armel, Plesgeth."
[II. 3. 86.] [Enter Spirits.]
Sacrapant in O. W. T.: "Adeste Daemones."
[Dyce p. 450] — [Enter two Furies.]

An größeren Formeln sind außer den oben aus F. und D. Ch. zitierten noch zu nennen: die Beschwörung des Calchas durch Medea in Greene's Com. Hist. (Dyce. p. 285); die Beschwörung des großen Asmody durch Bernard in M. M.-M. (I. 1.); und die des großen Behemoth durch den Friar in Ch. B. d'A [IV. 1]:

"Adjuro te per Stygis inscrutabilia arcana, per ipsos irremeabiles anfractus Averni: adesto ô Behemoth, tu cui pervia sunt Magnatum scrinia; veni, per Noctis et tenebrarum abdita profundissima; per labentia sidera; per ipsos motus horarum furtivos, Hecatesq; altum silentium: Appare in forma spiritali, lucente, splendida et amabili."

Den Beschwörungsformeln stehen sog. Entlassungsformeln gegenüber, die der Beschwörer sprechen muß, um den Geist in sein Reich zurückzusenden. So sprechen z. B. Dunstan in M. Kn. [Dods. VI. 583]:

"Astoroth away."

Alexander in D. Ch. [IV. 1.]:

"Beldachiensis, Berolanensis, Helioren, discende, discende, iubeo, mando, impero."

Bolingbroke in H 6 B. [I. 4.]:

"Descend to darkness and the burning lake! False fiend avoid."

Merlin in B of M. [V. 1]:

"Save yourselves and vanish."

Ueber das Fehlen derartiger Formeln in Shakespeare's Sturm vergleiche man: Drake, Shakespeare and his Times II. 517.

Die zweite Art, die Geister zu befragen, in dem sog. "Chrystal" oder "Beryl"[1]) ist in den Dramen nicht zur Anwendung gekommen. Sie findet nur eine kurze Erwähnung in Ben Jonson's Alchemist, wo es I. 1. 97. heißt, daß Subtle sich beschäftigt mit:

"taking in of shaddowes with a glasse."

Was das Erscheinen und Verschwinden der Geister angeht, so erfolgt es bei den bösen Geistern stets unter dem Aufruhr der Natur, im Gegensatz zu dem Erscheinen der guten Geister Prospero's, die sich durch feierliche und wunderbare Musik ankünden. Fabell erklärt dem Teufel in M. D. [Ind. 10]:

"I heare the watchfull dogs
With hollow howling tell of thy approach.
The lights burne dim affrighted with thy presence;
And this distemperd and tempestuous night
Tells me the ayre is troubled with some Diuell."

Entsprechend heißt es:

[H 6 B. I. 4]:

"It thunders and lightens terribly; then the Spirit rises. — Thunder and Ligthning. Exit Spirit."

[F. sc. XIV.]:

"Thunder and Lightning. Enter Devils."

---

[1]) Die Methode ist beschrieben in der Daemonologie des King James und in Hazlitt's Pop. Ant III. 108. Man vergleiche auch: M Casaubon, A true and faithful relation of what passed between Dr. J. Dee and some spirits. London 1659. "Dr. Dee's Chrystal" ist im Brit. Mus. aufbewahrt.

[B. of M. V. 1.]:

"Thunder. Enter Spirits."

[B. d'A IV. 1]:

"Thunder. Ascendit."

[ib. V. 1.]:

"Thunders. Surgit Spiritus cum suis."

[D. Ch. ll. 56—57]:

"This done with thunder and lightning the diuills discend".

[ib. IV. 1]:

1764. "Fiery exhalations lightning thunder ascend a King."
1788. "The diuell descendeth with thunder and lightning."
1818. "Deuill descendeth with thunder."

Die Geister leisten nicht Dienst zu jeder Zeit[1]), und der Beschwörer hat deshalb genau auf den Tag und die Stunde des Geistes zu achten, den er befragen will. Daher fragt Alexander, ehe er zur Zeichnung seines Beschwörungskreises schreitet [D. Ch. IV. 1.]:

"What hower of night ist? — —"
"What are our angels of this night?"

Bernard liest in seinem Beschwörungsbuche, daß [M. M.-M. I. 1]:

"The Prince of the West may be bound from the third houre till Moone."

Bolingbroke bemerkt darüber [H 6 B. I. 4. 18]:

"Patience, good lady; wizards know their times:
Deep night, dark night, the silent of the night,
The time of night, when Troy was set on fire;
The time when sweet owls cry and ban-dogs howl
And spirits walk and ghosts break up their groves
That time best fits the work we have in hand."

Auch Prospero's Geister haben je eine bestimmte Zeit der Dienstbarkeit. Der Zauberer droht dem Ungeheuer Caliban (I. 2. 326), daß:

---

[1]) Siehe das "Heptameron" des Pietro de Abano. Scheibles Kloster. Bd. III.

"— urchins
Shall for that vast of night that they may work
All exercise on thee."

Als er von den Elfen Abschied nimmt, da spricht er von solchen, die [Tp. V. 1. 37]:

"By moonshine do the green sowr ringlets make",

und von jenen,

"— whose pastime
Is to make midnight mushrooms, that rejoice to hear
the solemne curfew."

Oft folgen die Geister nur unwillig dem Rufe des Beschwörers; denn auch sie beginnt schließlich das Dienstverhältnis zu peinigen und mit Wut gegen den Zauberer zu erfüllen, der sie mit Spruchgewalt im Banne hält [Fr. Bac. sc. XV.]:

Devil. "How restless are the ghosts of hellish sprites,
When every charmer with his magic spells
Calls us from nine-fold-trenche'd Phlegethon,
To send and overscour the earth in post
Upon the speedy wings of swiftest winds."

Ebenso spricht der von Medea heraufbeschworene Calchas in Greene's Com. Hist. [Dyce p. 285]:

"Thou wretched witch, when wilt thou make an end
Of troubling us with these thy cursed charms?
What mean'st thou thus to call me from my grave?
Shall ne'er my ghost obtain his quiet rest?"

Auch Ariel ist von Sehnsucht nach dem Tage seiner Freiheit erfüllt, und überdrüssig der Mühen, die ihm Prospero auferlegt, fragt er seinen Meister [Tp. I. 2. 242]:

Ariel. "Is there more toil? Since thou dost give me pains
Let me remember thee what thou hast promised
Which is not yet perform'd me.
Pros. How now? moody?
What is't thou canst demand?
Ariel. My liberty!"

Wie man von dem Geiste Balkin erzählt, daß er unwillig wird, sobald der Beschwörer länger als eine Stunde seinen Dienst in Anspruch nimmt, so spricht auch der Geist zu Bolingbroke [H 6 B. I. 4. 41]:

"Have done, for more I hardly can endure."

Schließlich artet dieser Ueberdruß der Dienstbarkeit seitens der Geister in grimmen Haß gegen ihren Meister aus. Caliban gibt seinem Genossen Stephano die Versicherung [Tp. III. 2. 102]:

"‚ . . . they all do hate him
As rootedly as I";

und Friar Bacon muß den Zorn der Geister erfahren, wenn sie unter zuckenden Blitzen seinen Zauberkopf zertrümmern [Fr. Bac. sc. XII.].

Bacon. "But proud Asmenoth, ruler of the north,
And Demogorgon, master of the Fates,
Grudge that a mortal man should work so much."

Wie gewisse Geister den Beschwörern überhaupt den Gehorsam verweigern und sich erst dann zum Dienst bereit erklären, wenn diese ihre Seele verpfändet haben, wie z. B. bei Faust, Alexander, Fabell, darauf ist schon in den Kapiteln II und III hingewiesen worden.

Zweiter Teil.

Kapitel VII.

Das „geisterlose Element“ in der Magie.[1]) Die magischen Operationen der Zauberkünstler. Zauberblick. Zauberformeln. Zauberschlaf. Zaubertrank. Verwandlung in andere Gestalten. Das wächserne Bild. Zauberei und Liebe.

Der Unterschied zwischen Beschwörer und Zauberkünstler (enchanter)[2]) ist ziemlich streng durchgeführt in den Dramen, abgesehen allerdings von Medea und Sacrapant, die gelegentlich die Geister zu ihrer Hilfe herbeirufen.[3]) Die Ausübung und die Art der Gewalt der Zauberkünstler gestaltet sich jedoch nicht so mannigfaltig wie die wunderbaren Wirkungen, die die Geisterbeschwörer hervorbringen.

Der böse Blick (evil-eye) ist nur von Peele in S. Cl. benutzt worden [Dyce. p. 502]:

Byran Sans-foy. "For that through my enchantments, lo, which here this forest keep,
So soon as I did look on them, they straight were in a sleep."

Den Hauptbestandteil der Macht des enchanter's bilden seine Zauberformeln[4]) (incantations, charms), die zum Zwecke

[1]) Die zauberhaften Gegenstände, die hierher gehören, sind infolge ihrer komischen Wirkungen schon bei den Zauberspäßen besprochen worden (Kap. II.).

[2]) Siehe Kap. II. pp. 19—22.

[3]) Siehe Kap. V. Schluß.

[4]) Siehe Hazlitt, Pop. Ant. III. 226—283. — Die Zauberformeln erinnern zugleich an die Zauberei der Nordländer und Finnen (vgl. Lehmann,

der Verzauberung in Verbindung mit gewissen Zeremonien gesprochen oder gesungen werden. In der Regel haben es die Dramatiker verschmäht, den Wortlaut derartiger Formeln zu geben, wir sehen oder hören fast nur die Wirkung, die sie hervorrufen. Eine solche ist zunächst die Erscheinung des Zauberschlafes (slumbrous spell), die uns ziemlich oft begegnet.

Die Zauberin Dipsas versenkt den jugendlichen Endimion in einen so tiefen Schlaf, daß er erst nach vierzig Jahren daraus erwachen soll (L. End. II. 3). Ehe die Zauberin hinausgeht:

"to finish those ceremonies that are required in our Art",

gibt sie ihrer Dienerin Bagoa die Weisung, das Zauberschlaflied (inchantment for sleepe) über Endimion zu singen und ihn mit einem Fächer aus Bilsenblättern (hemlock) in sanfte Betäubung zu lullen. Ebensowenig wie wir etwas von den erforderlichen Zeremonien sehen, hören wir etwas von diesem Zauberliede. Es ist vielleicht verloren gegangen, und Bond schlägt daher folgendes vor [Works. III. 470]:

"Sleepe. Deathers alye, obliuion of teares,
Silence of Passions, balme of angrie sore
Suspence of loues, Securitie of feares
Wraths Lenatiue, Hearts ease, stormes calmest shore
Senses and Soules repriuall from all Combers,
Benuming sense of ill with quiet slumbers."

[From Harl. M. S. 6910, f. 164; Also printed in Brydges "Excerpta Tudoriana". vol. I. p. 16].

In Greene's Com. Hist. ist es der Großtürke Amurack, der von Medea in einen Zauberschlummer versenkt wird [Dyce. p. 235]:

| Amurack falls asleep |

Medea. "Now have our charms fulfill'd our minds full well:
High Amurack is lulled fast asleep."

A. u. Z. pp. 64—84) und an die altenglischen Heil- und Zaubersprüche, von denen bekanntlich Osw. Cockayne eine Menge zusammengestellt hat in s. „Leechdoms". 1864—66. vol. I. p. 374—405; vol. IV. p. III. p. 285—295.

Byran Sans-foy benutzt neben dem "bösen Blick" auch seine Zauberformeln, um alle Ritter, die sich auf sein Gebiet wagen, durch einen Zauberschlaf unschädlich zu machen [Dyce. p. 501]:

Subtle Shift. "— And in a forest of strange marvels doth he keep,
Altogether by enchantments to bring men asleep."

Aehnlich erklärt Sans-foy später selbst [S. Cl. Dyce. p. 503—4]:

"Tush, fear thou naught at all: I have charmed him and he is fast asleep,
Lying near unto the castle here which I do keep.
And ten days in this sleep I have charmed him to remain
Before Nature shall overcome it that he might wake again."

Melissa bewirkt den Zauberschlaf mit Hilfe eines Trankes und heilt durch ihn den Orlando von seinem Wahnsinn [Gr. Orl. Fur. Dyce. p. 105 - 6]:

Zeremonien. "Orlando . . drinks and she charms him
with her wand and he lies down to sleep."

Zauberformel. "O vos Silvani, Satyri, Faunique deaeque,
Nymphae Hamadryades, Dryades, Parcaeque potentes,
. . . . . Exaudite preces, filiasque auferte micantes
In caput Orlandi celestes spargite lymphas,
Spargite, quis misere revocetur rapta per umbras
Orlandi infelix anima."

Wirkung. [Dyce. p. 107]:
Medea. "I am she that cured thy disease."
Orl. "Thanks, sacred goddess, for thy helping hand."

Einen Zaubertrank benutzt auch Sacrapant in Peele's O. W. T., um die entführte Königstochter Delia in tiefe Vergessenheit zu versenken [Dyce p. 451 - 52]:

Sac. "Now I have unto Delia
Given a potion of forgetfulness
Then when she comes, she shall not know her brothers.
Now will I call her by another name,
For never shall she know herself again."

Und als dann die zu ihrer Errettung erschienenen Brüder die Schwester bei ihrem Namen nennen, da ruft die Verzauberte zum Entsetzen der Brüder [Dyce. p. 458]:

Delia. "What tell you me of Delia, prating swains?
I know no Delia, nor know I what you mean."

Derselbe Sacrapant beraubt den Corebus des Augenlichts kraft seiner Zaubermacht [Dyce. p. 452]:

Sac. "Let him wander up and down,
In naught but darkness and eternal night."
| Strikes Corebus blind |

In ähnlicher Weise schlägt Bomelio in R. Tr. den Armenio mit Taubheit [Dods. VI. 190]:

Bom. "And from this time henceforth I strike thee dumb."

Eine andere Kunst des enchanter's ist die Verwandlung der Menschen in fremde Gestalten. Sacrapant hat diese Kunst von seiner Mutter, der Hexe Moroe, gelernt, wie er selbst erklärt [O. W. T. Dyce. p. 449]:

Sac. "In Thessaly was I born and brought up;
My mother Meroe hight, a famous Witch,
And by her cunning I of her did learn
To change and alter shapes of mortal men."

Deshalb nimmt er die Gestalt eines Drachen an, um Delia, die schöne Königstochter, zu rauben; deshalb macht er aus Erestus den sog. "weißen Bär der englischen Wälder", um ihn von seinem Weibe zu trennen, nach dem der Zauberer selbst verlangt [Dyce. p 447]:

Erest. " — he with his' chanting spells
Did turn me straight unto an ugly bear;
And when the sun doth settle in the west,
Then I begin to don my ugly hide:
And all the day I sit, as now you see,
And speak in riddles, all inspir'd with rage."

Ebenso verwandelt Dipsas ihre Dienerin Bagoa in eine Espe, weil sie die Geheimnisse ihrer Kunst verraten hat (L. End. V. 3. 14).

Personen, die mit dem Zauberkünstler in Berührung kommen, hüten sich daher wohl, ihm irgendwie zu nahe zu treten. Schon Bogoa hatte vorher selbst geäußert [End. II. 3]:

"I dare not repine, least she make me a pine
and rocke me into such a deepe sleepe, that I
shall not awake to my marriage."

In ähnlicher Weise spricht Turnop von dem Zauberer John a Kent in Munday's J. K. [act. III. Collier p. 40]:

Turn. " — I am not to mock him, that is able to
make a man a munkey in lesse then halfe a
minute of an houre."

Man kann hiermit vergleichen: die Verwandlung des Gunophilus in einen Weissdorn in Lylys's "Woman in the Moon" (V. I. Bond. III. 287); oder solche Transformationen, wie sie bei Lyly noch in "Love's Metamorphosis" IV. 2; III. 1; V. 4 vorkommen (Bond. III. 320; 322-323; 328).

Einen eigentümlichen Zug gewinnt die Kunst des enchanter's, wenn die Formel zum Zwecke der Verzauberung einer Person nicht über diese selbst, sondern über ihr wächsernes Ebenbild (image of wax) [1]) gesprochen wird. Ein solches besitzt die Zauberin Medusa von Fortunio in A. Munday's Ital. Gentlm.

---

[1]) Man konnte so mit irgend einem Gegenstande verfahren, der einer Person gehörte: e. g. "Two women were executed at Lincoln in 1618 for burying the glove of Henry Lord Rosse, so that as that glove did rot and waste, so did the liver of the said lord rod and waste" (Encyclop. Brit. vol. XV.).

Mit ihm begibt sie sich, begleitet von Victoria und Attilla, in eine Kapelle, um die erforderlichen Formeln (charms and invocations) über das Bild zu sprechen, und so in Fortunio die Liebe herbeizuzaubern, nach der Victoria verlangt (act. II). Pedante findet später das Bildnis nach der Flucht der Frauen und beschreibt es als [Halliwell p. 23]:

"An image in waxe very prettily cast.
Fortunio is written in the forehead of the same
And jump upon his belly Victoria's name."

Entsprechend hat auch der Zauberer in Dekker's Wh. of Bab. auf die Bitten des dritten Königs ein wächsernes Abbild von Titania hergestellt; und wie dieses Bildnis in der Erde unter seinen Invocationen vermodert, so soll auch Titania selbst zu gleicher Zeit mit ihm zugrunde gehen [Th. D. Works vol. II. 226]:

" — This virgin waxe,
Burie I will in slimie putred ground
Where it may peece — meale rot: As this consumes
So shall she pine and after longour die
These pinnes shall stike like daggers to her heart
And eating through her breast, turne her to gripping
Cramp-like convulsions, shrinking up her nerves
As into this they eate."

Es gehören endlich hierhin die Zauberformeln der Liebe (love-charms) [1]), mit denen man Gegenliebe im Herzen der Menschen erzwingen kann. Medusa kennt einen solchen charm, wie sie Victoria erklärt [Ital. Gentlm. Halliwell p. 22]:

Med. "Here is an egg of a black hen, a quill
pluckt from a crow,
Who with this pen writes on this egg a charm
that I do know

[1]) Eine alte Hindu-Liebesformel lautet:
„May thy heart devour itself for me,
May thy dry mouth water for me" etc.
(Encyclop. Brit. XV.)

And names the party whom they like, the same
shall love again."

So wirft Brabantio dem Othello vor [Sh. Oth. I. 2. 62]:

Bra. "Damn'd as thou art, thou hast enchanted her
— thou hast practised on her with foul charms."

Desgleichen ruft auch Montreville in Massinger's U. C. klagend aus [V. 2]:

"I know not with what arts, philtres and charms
You won her from me."

Wenn auch die Elisabethanischen Dramatiker keinen großen Wert darauf legten, eine Anzahl zauberkräftiger Liebesformeln zu sammeln und in ihren Dramen zu verwenden, so wurden sie auf der anderen Seite dem weit verbreiteten Glauben, daß man mit Hilfe der Magie überhaupt Liebesleidenschaft im Herzen der Menschen erzeugen könne, in etwas größerem Maße gerecht. Es sei daher hier gestattet, kurz auf die Beziehungen der Liebe zur Magie im allgemeinen einzugehen.

Die von Liebesschmerz geplagte Victoria in Munday's Ital. Gentlm. wird von Attilia auf die Zauberkunst Medea's aufmerksam gemacht mit den Worten [Halliwell p. 20]:

Att. "Be not afraid therefore in this, this woman's
aid to crave;
She can enchant, and work wonders by magic's
learned art;
She can with words, with charms and herbs give
you Fortunio's heart."

So sucht die junge Tellus die Zauberin Dipsas auf und fleht sie um Hilfe in ihrer Liebesnot an [End. I. 3. 15]:

"Is it possible by .... incantation, enchantment, exorcismes or any practise, to plant affection where it is not, and to supplant it where it is?"

Der liebeskranke Prince of Wales sucht Hilfe für sein wundes Herz bei dem Zaubermönche Bacon [Fr. Bac. sc. V]:

"Help, friar, at a pinch, that I may have
The love of lovely Marg'ret to myself."

Lipsalve und Gudgeon, die beide in heißer Liebe zu Mistreß Purge entbrannt sind, eilen zu Glister hin in Middleton's F. of L. und flehen den Arzt und Beschwörer an, ihnen kraft seiner Zauberkunst zu der Dame ihres Herzens zu verhelfen (F. of L. III. 4).

Aehnlich soll der Astrologe in Massinger's C. M. für Lady Frugal in den Sternen erforschen [C. M. II. 2.]:

"Whether this day and hour by the planets promise
Happy success in marriage."

Heywood's "Wise-woman" ist erbötig für "forty pieces" Lucie zur Braut des Meisters Boyster zu machen (W.-W. of H. II. 1); und Subtle in Ben Jonson's Alc. wird infolge seiner Wahrsagekunst fast zu einem Heiratsvermittler [Alc. III. 4]:

"And then for making matches for rich widdowes
Young gentlewomen, heyres, the fortunat'st man!
Hee's sent to, farre and neere, all ouer England
To haue his counsell, and to know their fortunes."

In der Tat erweist sich der Zauberer als ein eifriger Beschützer treuer Liebe. Bomelio in R. Tr. entführt die Prinzessin Fidelia vom Hofe ihres Vaters in die Arme ihres verbannten Geliebten Hermione, und er will [Dods. VI. 254]:

"— apply to further as they wish
Their sweet delight by magic's cunning so,
That happy they shall live in spite of foe."

Schon hat derselbe Zauberer den tückischen Lentulo gefaßt, um ihn für seine Frechheit zu strafen, als er aus seinem Munde die Worte hört [Dods. VI. 205]: "— Adieu! farewell, farewell my Love" Sogleich gibt ihn der Zauberer wieder frei mit den Worten:

"Your love? if you be in love, den do as I bid do
And you shall 've your love away wit'you, too."

Als es in Greene's Orl. Fur. der Tücke des eifersüchtigen Sacripant gelungen ist, das Glück Orlando's und Angelica's zu zerstören, da ist es die Zauberin Melissa, die mit dem unglücklichen Liebespaare Mitleid empfindet und die bekannte Lösung bewirkt. Als der Prince of Wales in Bacon's Zauberspiegel sieht, was zwischen der Geliebten seines Herzens und dem Earl of Lincoln vorgeht, und er den Friar nochmals bittet in seinem Liebesschmerz [Fr. Bac. sc. VI]:

"Help, Bacon, stop the marriage now,
If devils or necromancy may suffice,"

da schlägt Bacon den kupplerischen Zaubermönch Bungay mit Stummheit, gerade als er im Begriffe ist, die heimliche Trauung des Paares zu beginnen (Fr. Bac. sc. VI.).

In ähnlicher Weise ist Liebe der Gegenstand des ganzen Wettkampfes der beiden Zauberer John a Kent und John a Cumber in A. Munday's gleichnamigem Stücke; und der Ruhm endlich, den sich Peter Fabell in M. D. erwirbt, beruht lediglich auf seiner Unterstützung der reinen Liebe. So heißt es am Schlusse des Dramas [M. D. V. 2. 123]:

"And let our toyle to future ages proue
The Deuill of Edmonton did good in Loue."

Fabell selbst gibt schon zu Anfang des Stückes zu erkennen, wozu er seine Magie benutzen will, wenn er zu seinem Freunde spricht [M. D. I. 3. 13]:

Fab. "— Haue thou and I
Thus long at Cambridge read the liberall Arts
The Metaphysickes, Magicke, and those parts
Of the most secret deep Philosophy
For want of skill to lose the wench thou lou'st?"

Kapitel VIII.

Die Wahrsagekünste. Person des Wahrsagers. Astrologie. Astrologisches Verfahren. Gelehrte astrologische Bücher. Almanache. Die verschiedenen Teile der Astrologie. Der astrologische Aberglaube zur Charakteristik benutzt.

Die Auguralwissenschaften d. h. die verschiedenen Künste der Wahrsagerei sind im Elisabethanischen Drama in ausgedehnterem Maße zur Geltung gekommen als es auf den ersten Augenblick scheint, und zwar hat jede einzelne Divinationsmethode eine ihrer Bedeutung entsprechende Berücksichtigung gefunden. Wie im 16. Jahrhundert das Verhältnis der Auguralwissenschaften so ist, daß die Sterndeuterei die Grundlage aller Divinationsmethoden bildet[1]), so erscheint auch in den Dramen als die vornehmste Kunst der Wahrsagerei die Astrologie, der die Oneiromantie, Chiromantie, Metoposcopie, Hydromantie und Catoxtromancy als untergeordnete Wahrsagekünste folgen.

Aehnlich wie mit der Person des Zauberers, so werden wir auch hier mit einer Reihe von Wahrsagern resp. Wahrsagerinnen bekannt gemacht, welche in den verschiedenen Methoden, Zukünftiges vorauszusagen, bewandert sind. Solche sind: der Astrologe in Lyly's Gall.; Sybilla und Mileta in Lyly's S. Ph.; John a Kent in A. Munday's J. K.; Subtle in Ben Jonson's Alc.; Stargaze in Massinger's C. M.; Ascletario in Massinger's Rom. Act.; Norbert in Fletcher's Bl. Br. und Irus in Chapman's Bl. Beg.; ein "Soothsayer" warnt Caesar vor den Iden des März in Sh.'s Caes. I. 2. 18; III. 1; der Wahrsager Philarmonus deutet den Zettel, den Posthumus gefunden hat, in Sh.'s Cymb. V. 5. 426. ff.; ein anderer "Soothsayer" spielt in Sh.'s Ant. I. 2., der Astrologe La Brosse in Chapman's B C; George-a-Greene tritt als armer Wahrsager auf in Greene's "Pinner of Wakefield", und Ateukin gibt sich als Astrologen aus in Greene's J. F. Daß auch Friar

[1]) Lehmann, A. u. Z. p. 175.

Bacon in den Künsten der Wahrsagerei erfahren ist, hören wir aus dem Munde Burden's [Fr. Bac. sc. II.]:

Bac. "Bacon .... thou art read ...
In pyromancy, to divine by flames;
To tell, by hydromancy, ebbs and tides:
By aeromancy to discover doubts
To plain out questions, as Apollo did."

Der Friar nimmt sogar Abschied von seiner Zauberkunst mit einer Weissagung und prophezeit Englands segensreiche Zukunft unter Elisabeths Herrschaft [Fr. Bac. sc. XIV.];

Bac. "I find by deep prescience of mine art,
Which once I temper'd in my secret cell,
That here where Brute did build his Troynovant
From forth the royal gurden of a king
Shall flourish out so rich and fair a bud,
Whose brightness shall deface proud Phoebus' flower
And over-shadow Albion with her leaves" etc.

Desgleichen wird auch Merlin durch die Gunst der Schicksalsschwestern zu einem mächtigen Wahrsager und Propheten (vgl. Kap. III. p. 43). Er sagt Vortigers nahen Untergang voraus und warnt ihn vor den Gefahren, die ihn bedrohen (B. of M. IV. 1); des Aurelius Schicksal liest er in den Strahlen eines Sternes (IV. 5), und dem Prinzen Uter Pendragon prophezeit er die englische Königskrone sowie das Emporblühen eines Königsgeschlechtes aus seiner Nachkommenschaft (ib.). Ja, so untrüglich erweist sich seine Kunst, daß der Prinz ihn bittet, sein Hofwahrsager zu sein, und alle seine Schritte zu lenken kraft seiner Kunst [B. of M. IV 5]:

Prince. "Thine art hath made such proof that we believe
Thy words authentical. Be ever near us,
My Prophet and the Guide of all my actions."

Ich wende mich zu den einzelnen Künsten der Wahrsagerei und bespreche zunächst die bedeutendste Divinationsmethode jener Zeit:

I. Die Astrologie.

1. Das astrologische Verfahren. — Norbert gibt uns eine Beschreibung von folgender Verteilung der Planeten in den zwölf Häusern [1]) des Himmels in Fletcher's Bl. Br. [IV. 2]:

Norb. " — See the planets
Where they are disposed; the sun and Mercury
Mars with the Dragon's tail in the third house,
And pars Fortunae in the Imo Caeli,
Then Jupiter in the twelfth, the Cacodemon
And Venus in the second Inferna Porta" etc.

Ein Horoskop [2]) stellt auch der Astrologe Stargaze in Massinger's C. M. für Lady Frugal und ihre Töchter, und er erscheint mit den beiden "Schemen", um das Ergebnis mitzuteilen (C. M. II. 2). Ebenso heißt es von Subtle in Ben Jonson's Alchemist (I. 1), daß er sich beschäftigt mit:

"erecting figures in your rows of houses";

und ähnlich spricht Sciarrha zu Pisano in Shirley's Tragödie "The Traitor" [IV. 2]:

"And Venus, the lady of your nativity
Is found, by wise astrologers, this day,
I' the House of Death."

Von den Aspecten werden erwähnt: die Konjunktion in Sh. H. 4. B. II. 4. 286; Ch. M. F. sc. IV; die Opposition in Gr. J. F. I. 1; Chr. M. 2 Tamb. III. 5; F. sc. IV; und die Quadratur in Fletcher's Bl. Br. [IV. 2]:

Nor. "— this same quartile aspect to this lady of life
Here in the seventh promises some danger

---

[1]) Vgl. Schillers Wallenstein in Picc. II. 6. 122:
Wall. „Da tut es not, die Saatzeit zu erkunden
Die rechte Sternenstunde auszulesen,
Des Himmels Häuser forschend zu durchspüren
Ob nicht der Feind des Wachsens und Gedeihens
In seinen Ecken schadend sich verberge."

[2]) Näheres über das astrolog. Verfahren siehe: Lilly, Introduction to Astrology. Ed. Zadkiel. London 1852. Pearce, Science of the Stars. London 1881.

Cauda Draconis being so near Mars,
And Caput Algol in the house of death."

Als einen günstigen Aspect bezeichnet Stargaze für Lady Frugal [Mass. C. M. II. 2]:

"Venus in the west angle, the house of marriage, the seventh house, in trine of Mars, in conjunction of Luna,"

und für ihre Töchter (ib.):

"Venus occidental from the sun, oriental from the angle of the east, in cazini of the sun and free from the malvolent beams of infortunes, in a sign commanding and Mars in a constellation obeying."

Wie der Beschwörer seine Kunst aus den Büchern berühmter Zauberer erlernt, so stellt auch der Sterndeuter die Berechnungen seiner Himmelsfigur nach den Beispielen gelehrter astrologischer Bücher an. Stargaze erklärt ausdrücklich, daß er sein Horoskop errichtet habe [C. M. II. 2]:

" — from the aphorisms of the old Chaldeaus, Zoroastes the first and greatest magician, Mercurius Trismegistus, the later Ptolemy [1]), and the everlasting prognosticator, old Erra Pater."

Desgleichen bemerkt Rusee zu Norberts Beschreibung seines Horoskops [Fl. Bl. Br. IV. 2]:

"Yes, he's lord of the geniture
Whether you examine it by Ptolomy's [1]) way,
Or Messahala's Lael, or Alkindus."

Selbst Heywood's "Wise Woman" besitzt solche astrologische Bücher, wie sie selbst erklärt [M-W. of H. II. 1]:

"In, in, Ile but scade a little of Ptolomie [1]) and Erra Pater: and when I have cast Figure, Ile come to you presently."

---

[1]) Es existiert heute noch ein Werk, das gewöhnlich betitelt wird: „Quadripartitum Cl. Ptolomaei". Es ist deshalb von Wichtigkeit, weil wir aus ihm ersehen können, wie weit die alexandrinische Astrologie im 2. Jahrh. n. Chr entwickelt war (Lehmann, A. u. Z.).

Derartigen gelehrten astrologischen Büchern stehen die populären Almanache (almanacs) gegenüber, die sich in jener Zeit einer großen Beliebtheit unter dem Volke erfreuten. Denn sie bestimmten das Wetter für jeden Tag des Jahres, sagten Krieg und Frieden voraus oder den Fall von Päpsten und Fürsten, ja sie enthielten sogar eine Liste von solchen Tagen, die günstig oder ungünstig zum Kaufe oder Verkaufe waren [B. J. Alc. I. 1]:

Drug. " — look over, sir, my almanack,
And cross out my ill days, that I may neither
Bargain, nor trust them."

Sordido in Ben Jonson's "Every Man out of his Humour" schenkt seinem Almanach ein so großes Vertrauen, daß er auf Grund der dort angegebenen Vorhersagungen seinen Acker nicht bebauen will und freudig ruft [I. 1]:

Sor. "Blest be the hour wherein I bought this book,
His studies happy that composed the book
And the man fortunate that sold the book.

Mit der großen Beliebtheit der Almanache hängt der erstaunlich billige Preis zusammen, für den sie nach Angaben der Dramatiker verkauft wurden. Höher als ein "Penny" scheint er nicht gewesen zu sein. Derselbe Sordido versichert [B. J. E. M. out of h. H. I. 1.]:

Sor. " — never, never,
Laid I a penny better out than this."

Aehnlich heißt es in Beaumont und Fletcher's "Chances" [I. 7]:

"Why? all physicians
And penny almanacks allow the opening
Of veins this month";

in Massinger's "City Madam" [II. 2]:

"Stargaze, sure,
I have a penny almanack about me
Inscribed to you, as to his patroness";

und in Greene's "Looking Glass" [Dyce p. 121]:

Alcon. " — — she | = the cow | saved me every year a penny in almanacs."

Andere Hinweise auf die Almanache finden sich noch in Shakespeare's H 4 B. II. 4. 287; Massinger's C. M. IV. 3; Beaumont und Fletcher's Phil IV. 1 und Ch. III. 2; sowie in Ben Jonson's "The Devil is an Ass" (I. 7; IV. 4) und Webster's Wh. Dev. V. 1.

2. Die natürliche Astrologie (natural astrology). — Der Mond ist von großem Einfluß auf das Wetter; aus der sog. "hornedness" des Neumondes schließt man auf Wind und Regen [Tho. D. M L. Works IV. 147]:

Alph. "My Lord, doe you see this change i'th' moone?
Sharp hornes doe threaten windy weather."

Aehnlich in Dekker's "Wonder of a Kingdome" [Works IV. 228]:

Alph. "And doe thus, but till the Moone cuts off her hornes."

Die Bedeutung der Almanache für die natürliche Astrologie ist schon erwähnt worden. Als Beispiel wäre zu nennen die Wetterangabe, die Sordido aus seinem Wahrsagekalender vorliest [B. J. E. M out of h. H II. 1]:

Sor. "August 1, 2, 3 and 4, days rainy and blustering: this is well now: 6, 7, 8 and 9, rainy with some thunder; — the 10 and 11, great store of rain: — the 12, 13 and 14 dais, rain; — 15 and 16 rain" etc.

Umgekehrt glaubte man, daß große Ereignisse im Leben von wunderbaren Erscheinungen in der Natur angedeutet werden. Dieser astrologische Aberglaube ist verschiedentlich zur Darstellung der Stimmung benutzt worden, und zwar vornehmlich von Shakespeare [1]). Aufruhr des Himmels und der Erde bereitet uns auf des großen Caesar unheilvolles Ende vor (Caes. II. 2); drohende Ereignisse in der Natur begleiten die frevelhafte Ermordung Duncan's in Macbeth (II. 3. 58. ff). Mit dem Zerwürfnisse in

[1]) Vgl. C. C. Hense, im Shak.-Jahrb. Bd. VIII. p. 224 ff.

Lear's Seele und Familie harmoniert das rasende Toben der Elemente auf der Heide (Lr. III. 1. 2); und um die geheimnisvolle Stimmung, die schon zu Anfang des "Hamlet" durch das Erscheinen des Geistes erzielt wird, zu erhöhen, weist Horatio hin auf die „grauenvollen Ereignisse" in der Natur, die dem Falle des großen Caesar vorausgingen (Hml. I. 1. 115) In ähnlicher Weise läßt auch Massinger die düstere Stimmung seines schuldbewußten Malefort von plötzlichem Sturm und Dunkelheit begleitet werden, und „Donner und Blitz" den nahen Untergang des Mörders verkünden (U. C V. 2).

3. Die positive oder Judicialastrologie (judicial astrology). — — Die Eclipsen des Mondes [1]) sind die Vorzeichen drohenden Unheils in Lr. I. 2. 112; Oth. V. 2. 98; oder in [Ant. III. 13. 154]:

Ant. "Alack, our terrene moon
Is now eclipsed; and it portends alone The fall of Antony."

Desgleichen ist unheilvoll die „anscheinende Multiplikation des Mondes" in John. IV. 2. 182; oder die „blutige Farbe" des Mondes oder der Sonne [R2. II. 4. 10]:

"The pale-faced moon looks bloody on the earth."

Ebenso in Marlowe's "Massacre" [I. 2. 60]:

"If ever sun stained heaven with bloody clouds
And made it look with terror on the world."

Die Herrschaft über die Krankheiten gehört dem Monde, und wenn Frau Luna ist [Mids. II. 1. 105]:

"pale in her anger — rheumatic diseases do abound."

Melancholie und Geisteszerrüttung bewirkt der Mond auf Erden in Ant. IV. 9. 12 und Oth. V. 2. 109; ja soweit geht sein Einfluß, daß Hand in Hand mit seinem steten Wechsel die Unbeständigkeit der Leute geht [Rom. V. 2. 240]:

---

[1]) Vgl. A. Maury, M. et Astr. p. 181: "Les éclipses étaient encore au moyen âge comme dans l'antiquité tenues presque par tout le monde pour des présages de calamités ou de grandes révolutions".

Juliet. "O, swear not by the moon, the inconstant moon
That monthly changes in her circled orb,
Lest that thy love prove likewise variable."

Aehnliche Stellen finden sich bei Shakespeare noch in Lr. V. 3. 19; Ant. V. 2. 240; Rom. II. 2. 109; Meas. III. 1. 25; Oth. III. 3. 178; L. L. L. V. 2. 212. — Ebenso bemerkt auch der junge Banks in "The Witch of Edmonton" [Ford, Works III. 198]:

"When the moon's in the full,
Then Wit's in the wane."

Von dem Einfluß der Planeten[1]) auf das Schicksal der Menschen ist ganz im allgemeinen die Rede in Beaumont und Fletcher's "Triumph of Love" [sc. II.]:

Ferd. "The stars,
Whose heavenly influence I admired, not knew."

Ebenso in Shakespeare's Troil. [I. 3. 94]:

"— but when the planets
In evil mixture to disorder wander,
What plagues and what portents";

oder in Per., wo Antiochus von seiner Tochter rühmt, daß [I. c. 10]:

"The senate-house of planets all did sit,
To knit in her their best perfections."

Aehnlich in: Wint. I. 2. 20; II. 1. 105; H6A I. 1. 23; I. 1. 54; H6B IV. 4. 16; R3 IV. 4. 402; Troil. I. 3. 85. 89. 92; Cor. II. 2. 115; Tit. II. 4. 14; Oth. II. 3. 182; Hml. I. 1. 162 und Ant. V. 2. 291.

Im einzelnen wird dann zunächst von einem günstigen Sterne (good, happy, auspicious star) gesprochen, der über

[1]) Ohne diesen astrolog. Aberglauben seines Zeitalters würde J. Lilly wohl niemals sein „Woman in the Moone" gedichtet haben. Denn dem Drama liegt unter andern auch die Idee eines Konfliktes der Sterne in betreff ihres Einflusses auf das Schicksal der Menschen zugrunde. Vgl. Bond III. 235—36; II. 278; und C. C. Hense im Shak. Jahrb. Bd VIII. S. 227.

unserm Haupte waltet, oder unter dem wir geboren sind in: Marlowe's "Tragedy of Dido, Queen of Carthago" II. 1; Beaumont und Fletcher's "Woman's Prize" III. 1. oder "Faithful Friends" II. 3; in Shakespeare's Tp. I. 2. 182; Gent. II. 7. 74; L. L. L. III. 79; Shr. IV. 5. 50; Tw. I. 3. 142; II. 5. 156. 184; Wint. I. 2. 363; John III. 1. 126; R 2. IV. 21; R 3. III. 7. 172; IV. 4. 215; Hml. I. 4. 32; II. 2. 141; und Ant. III. 13. 145.

Unheilvolle Sterne (ill planets, malignant, ominous stars) werden erwähnt in Massinger's U. C. V. 2.; Fletcher's W.-G. Ch. V. 2.; sowie in Shakespeare's L. L. L. V. 2. 394; All's I. 1. 197; II. 5. 80; Tw. II. 1. 3; H 6 A I. 4; IV. 5. 6; H 6 B III 1. 206; H 6 C IV. 6. 22; Rom. I. 4. 107; V. I. 24; V. 3. 111; Lr. III. 4. 60; Rom. V. 3. 111 und in Webster's Wh. Dev. V. 6.

So wurde es den Dramatikern leicht, dem Glauben von dem Einfluß der Sterne auf unser Geschick eine Menge poetischer Wendungen zu entnehmen. Solche sind z. B.

[B. J. E. M. out of h. H. I. 1; Mass. U. C. V. 2; und Fl. N. Gent. I. 2.]:

"I thank my stars."

[Mass. C. M. IV. 4.]:

"O cursed stars."

[J. W. D. of M. IV. 1.]:

"I could curse the stars."

[J. W. D. of M. III. 2.]:

"The necessity of my malvolent star."

[P. Arr. of P. III. 2.]:

"Sith this my stars to me allot."

[Fl. W.-G. Ch. V. 2.]:

"I care not, under what pestiferous star it lies."

Shakespeare hat diesem Glauben folgende Wendungen entlehnt:

Ado I. 3. 12:

"to be born under Saturn."

All's II. 1. 56:

to "move under the influence of the most received star."

All's I. 3. 252:

"by the luckiest star in heaven."

„ I. 1. 96:

"— — the poorer born,
Whose baser stars do shut us up in wishes."

„ I. 1. 205:

"Monsieur Parolles, you were born under a charitable star."

Ado. II. 1. 348:

"but then there was a star danced and under that was I born."

„ V. 2. 41:

"I was not born under a rhyming planet."

Cymb. V. 4. 105:

"Our Jovial star reigned at his birth."

Lr. III. 4. 60:

"Bless thee from starblasting."

Rom. Prol. 6:

"A pair of star-cross'd lovers take their life.

4. Verschiedene Dramatiker erblickten in dem astrologischen Aberglauben ihrer Zeit ein geeignetes Mittel für die Charakteristik ihrer Personen. Sie haben daher manche Charaktere gezeichnet, deren Denken und Handeln durch die Stellung der Gestirne bestimmt wird. Man weiß, wie sehr der Glaube an die Abhängigkeit von den Sternen Gloucester in Shakespeare's Lr. verblendet hat. Alles Unheil in der Welt und alle ihre traurigen Zustände bringt er mit den düsteren Zeichen am Himmel in Verbindung, in jener Klage, die mit den schwermütigen Worten beginnt [Lr. I. 2. 112.]:

"These late eclipses in the sun and moon portend no good to us."

Kent ist nicht frei von diesem Glauben, wenn er ausruft [ib. IV. 2. 35]:

"It is the stars,
The stars above us, govern our conditions;

Else one self mate and mate could not beget
Such different issues."

Auch Glendower glaubt an die Bedeutung der seltsamen Naturerscheinungen bei seiner Geburt (H 4 A III. 1), und Romeo spricht bei seinem Eintritt in Capulets Haus die nachdenklichen Worte [Rom. I. 4. 106]:

"I fear, too early: for my mind misgives
Some consequence yet hanging in the stars
Shall bitterly begin his fearful date" . . . . .

Für Lady Frugal in Massinger's C. M. ist die "Engelssprache" ihres Astrologen so gut wie ein "Orakel", und sie hält dem ungläubigen Plenty vor, daß das Schicksal der Menschen mit Sicherheit von den Sternen geleitet werde [C. M. II. 2.]:

"against whose influence
There is no opposition."

Cosmo in Shirley's "Traitor" gibt diesem Glauben in ähnlicher Weise Ausdruck, wenn er erklärt [Tr. II 2.]:

Cosmo " . . . the stars do wander
And have their divers influences."

Maleforth in Massinger's U. C. ist so sehr von dem Einfluß der Sterne überzeugt, daß er sie verflucht ob des Loses, das sie ihm geschaffen haben (U. C. V. 2.), gerade wie Wendoll in Heywood's "A Woman killed with Kindness" die Sterne anklagt für das Unglück, das ihn betroffen hat:

Wend. "Oh my stars!
What have my parents in their lives deserv'd
That you should lay this pennance on
their son?"

Kapitel IX.

Die übrigen Divinationsmethoden. Oneiromantie. Chiromantie. Metoposkopie. Hydromantie. Oracular fountain. Erzkopf. Zauberspiegel.

II. Die Oneiromantie ist allein von John Lyly zur Darstellung gebracht worden, und zwar in "Mother Bombie" und "Sapho and Phao." Lucio, der stets am Morgen von phantastischen Träumen heimgesucht wird, erhält von der Auslegerin Mother Bombie zur Antwort [M. B. III. 4. 121]:

" They that in the morning sleep dream of eating
Are in danger of sicknesse, or of beating,
Or shall heare of a wedding fresh a beating."

Den Traum des jungen Halfpenny von Johannisbeeren und Pflaumen deutet sie mit den Worten [M. B. III. 4. 143]:

"To children, this is giuen from the Gods
To dream of milke, fruit, babies and rods;
They betoken nothing, but that wantons must
haue rods."

In S. Ph. tritt uns Mileta als Traumdeuterin entgegen, wenn sie die Träume der Hofdamen interpretiert [S Ph. IV. 3]:

Irmena's Traum: "I remember last night but one, I dreamed mine eie tooth was lose, and that I thrust it out with my tongue."

Mileta's Deutung: "It foretelleth the losse of a friend" etc."

Zur Charakteristik ist der Glaube an die Bedeutung der Träume von Lyly und Shakespeare benutzt worden; und zwar sind es vornehmlich leidenschaftliche Gemüter, die dem Traume eine Vorbedeutung geben.[1]) So spricht die liebeskranke Sapho in Lyly's S. Ph. [IV. 3. 1]:

---

[1]) Vgl. C. C. Hense, Shakespeare's Sommernachtstraum. Halle 1851 pp. 41—44.

"What dreames are these Mileta? and can there be no truth in dreams? yea, dreams haue their trueth";

und am Schlusse derselben Scene bittet sie ihre Hofdamen, die Vorhänge zuzuziehen, damit sie sich weiteren Träumen hingeben könne.

Aehnlich legt auch Shakespeare's Romeo in seiner Liebesleidenschaft dem Traume eine Bedeutung bei [Rom. V. 1. 1.]:

Rom. "If I may trust the flattering truth of sleep,
My dreams presage some joyful news at hand";

ja, sein sonderbarer Traum ist für ihn der Schatten nahen Liebesglücks und freudig ruft er aus [ib. V. 1. 10]:

Rom. "Ah me! how sweet is love itself possess'd,
When but love's shaddows are so rich in joy."

Bekannt sind ferner wegen der unheilvollen Deutungen, die sie ihren Träumen geben, die um ihren Gatten besorgte Calpurnia in Sh.'s Caes. II. 2; die ängstliche Andromache in Troil. V. 3. 10, sowie der von Habsucht erfüllte Shylock in Merch. II. 5. 17.

III. Die Chiromantie war in Europa in Vergessenheit geraten bis zum Beginn des 15. Jahrhunderts. Da erst wurde sie wieder eingeführt durch das Volk der Zigeuner.[1]) Middleton, der verschiedentlich in seinen Dramen Zigeuner auftreten läßt, hat daher nicht verfehlt, diese die Wahrsagekunst der Chiromantie (palmistry) ausüben zu lassen. So in "The Spanish Gipsy" (Works. vol. IV) und in "More Dissemblers besides Women" (IV. 1). Auch John a Kent ist in der Chiromantie erfahren und auf Wunsch der Damen Sidanean und Marian liest er das Schicksal ihrer Liebe aus ihren Händen [J. K. Collier p. 11]:

---

[1]) Daß die Zigeuner als die Meister der Chiromantie dastanden, geht auch aus einer Stelle in Widman's Faustbuch (1599) hervor: „Als Dr. Faust mit seinen leichtfertigen Begleitern nun zu den Zigeunern oder den umherstreifenden Tartaren, wie man sie gewöhnlich nannte, kam, hielt er sich viel zu ihnen und lernte von ihnen nach seiner eigenen Meinung die Chiromantie, wie man aus den Händen weissagen kann".

John. "Lady, in youth I studyed hidden artes,
And proffited in Chiromantie much ....
Strive not, fayre ladyes; shewe me bothe your handes.
[Hee sees their handes.]
Nay, let me see: bothe your affections are alyke" ....

Mother Bombie sagt in ähnlicher Weise das Schicksal des Maestius und der Serena voraus nach Betrachtung ihrer Hände [J. L. M. B. III. 1. 38]:

"Let me see your hands, and look on me stedfastly with your eyes.
You shall be married to morrow hand in hand
By the lawes of God, Nature and the land."

Shakespeare läßt einen seiner "Soothsayers" die Kunst der Chiromantie ausüben in Ant. I. 2; Heywoods „Weise Frau" macht Anspruch auf:

"some skill in palmistry" (W.-W. of H II. 1.);

und Irus in Chapman's Bl. Beg. erklärt, daß die Ausübung dieser Kunst ihm früher viel Geld eingebracht habe (Bl. Beg. sc. I. Works p. 2).

Was die Theorie[1]) der Chiromantie betrifft, so wird nur der "Mons Veneris" erwähnt in B. Jonson's Alc. IV. 2 und die Lebenslinie (line of life) in Middleton's M. D. W. IV. 1. Ben Jonson gibt auch, entsprechend der Einteilung der Handfläche, den fünf Fingern solche "Berge" (hills, montes), die nach den Planeten benannt sind und mit ihrer Bedeutung übereinstimmen [B. J Alc. I. 3]:

Sub. "The thumbe in chiromantie, we give Venus,
The fore-finger to Jove; the midst to Saturne;
The ring to Sol; the least to Mercure."

---

[1]) Näheres siehe: Indagines, Introductiones apotelesmaticae in Chiromantiam. Francof. 1522.

IV. Die Metoposkopie[1]) ist in den Dramen nur sehr schwach vertreten. Doch hat Ben Jonson Gelegenheit zu zeigen, daß er mit der Theorie selbst dieser nebensächlichen magischen Kunst vertraut ist. Denn er läßt seinen Subtle nach bestimmten Regeln der Metoposkopie die Zukunft Drugger's und der Dame Pliant deuten [Alc. I. 3]:

Sub. "By a rule, Captaine,
In metaposcopie, which I doe worke by,
A certaine starr i'the fore-head, which you see not
Your chest-nut, or your oliue-colour'd face
Do's neuer faile: and your long eare doth promise."

Aehnlich spricht Subtle [ib. IV. 2]:

"..... here is yet a line
In rivo frontis, tells me he is no knight."

Auch Heywood's "Weise Frau" übt diese Kunst an Boyster aus (W-W. of H. II. 1), und Irus in Chapman's Bl. Beg. an den Damen Elimine und Samathis (sc. I. Works p. 4).

V. Als einen Rest der alten Hydromantie[2]) hat man wohl den wahrsagenden Zauberbrunnen (oracular fountain) anzusehen, der uns bei J Lyly und G. Peele begegnet.

Lyly verwendet diesen Zauberbrunnen in seinem „Endimion" (III. 3), um die Entwirrung der Intrige herbeizuführen. Seine wunderbare Kraft besteht darin, daß [End. III. 3. 21]:

"... who so can cleerely see the bottome of thys Fountaine shall haue remedie for any thing. — — who soeuer can shedde the teares of a faythfull Louer shall obtaine any thing he would."

Eumenides, der nach dem Entzauberungsmittel für Endimion sucht, erfährt dieses Geheimnis von Geron, dem Bewacher des

[1]) Vgl. La Métoposcopie de Cardan. Paris 1658; Georg Pictor, Gattungen der Ceremonial-Magie. Scheibles Kloster II. 621: Hazlitt, Pop. Ant. III. 303—4.

[2]) Vgl. Lehmann, A. u. Z. p. 185; Georg Pictor, Gattungen der Ceremonial-Magie. Scheibles Kloster II. 617.

Zauberbrunnens. Es gelingt ihm, den Boden zu erblicken, und kaum hat er seine Frage an die "heilige Quelle" gerichtet, als er unten in dem weißen Marmor geschrieben sieht [III. 3. 155]:

> "When shee whose figure of all is the perfectest, and neuer to bee measured — alwaies one, yet neuer the same — still inconstant, yet neuer wauering, — shall come and kisse Endimion in his sleepe, hee shall then rise; els neuer."

Der Wächter interpretiert diese rätselhafte Inschrift so, daß nur Cynthia gemeint sein könne. In der Tat löst Cynthia den Bann, wenn sie mit einem Kusse Endimion aus seinem Zauberschlummer weckt und den unterdes Ergrauten wieder zum Jüngling macht (act V).

Etwas anderer Art ist der Zauberbrunnen, den Peele in O. W. T. verwendet. Hier taucht ein Kopf aus dem Wasser hervor, der die Mädchen Zantippe und Celanta bittet, ihm das Haar glatt zu legen, und ihnen dafür "some cockell-bread" verspricht (Dyce p. 454). Vor Celanta taucht noch ein zweiter Kopf auf, ganz bedeckt mit Gold, das sie in ihren Schoß kämmt [Dyce p. 456]:

| "A Second Head comes up full of Gold,
Which she combs into her lap." |

Second Head: "Gently dip, but not too deep
For fear you make the golden beard to weep.
Comb me smooth, and stroke my head,
And every hair a sheaf shall be,
And every sheaf a golden tree."

VI. Viele Beschwörer begnügten sich nicht mit den Diensten, die ihre Geister ihnen leisteten; sie konstruierten einen Zauberkopf, der ihnen Antwort auf ihre Fragen gab und wunderbare Prophezeiungen aussprach.[1]) Am bekanntesten war in jener Zeit

---

[1]) Die Beispiele von dem Zauberer in "Valentine and Orson", von Sylvester II., Albertus Magnus, Robert Grosseteste, Henry de Villeine etc. hat schon O. Ritter in seiner Königsberger Diss. über Greene's Fr. Bac. (1866) p. 23 ff. zusammengestellt.

der wahrsagende Erzkopf Friar Bacon's (the Brazen Head),[1]) dem Greene infolgedessen eine besondere Szene widmet in seiner Hon. Hist. [sc. XI]:

| Friar Bacon's cell — the Brazen Head. |

Sieben Jahre lang hat der Friar an dem „ungeheueren" Zauberkopfe gearbeitet [sc. XI]:

"That by the enchanting forces of the devil
Shall tell out strange and uncouth aphorisms
And girt fair England with a wall of brass."

Die Zeit ist nunmehr gekommen, wo seine Zaubermacht sich bewähren soll, und „ehe noch der Morgenstern seinen ersten Glanz nach Norden sendet", muß der Kopf zu sprechen beginnen. In der Tat, kaum hat Friar Bacon seinem Diener die nötigen Weisungen gegeben und sich zum Schlafe hingelegt, als der Erzkopf unter furchtbarem Getöse die Worte spricht:

"Time is. — Time was. — Time is past."

In seiner "Comical History of Alphonsus, King of Arragon" hat Greene den wahrsagenden Zauberkopf in etwas anderer Form benutzt. Hier spricht Mahomets Geist aus ihm zu den Prinzen der Türkei und den Gesandten des Amurack, fordert sie auf, den Krieg mutig fortzusetzen, und prophezeit ihnen glänzenden Sieg [Com. Hist. act IV]:

| "Let there be a Brazen Head set in the middle of the stage. — Flakes of fire are cast forth of the Brazen Head. |

Mahomet | speaking out of the Head: |

"Make haste then kings - — —,
Send Fabius back to Amurack again,
To haste him forwards in his enterprize;
And marche you on, with all the troops you have,
To Naples ward to conquer Arragon,

---

[1]) Wie bekannt der Erzkopf gewesen sein muß, geht daraus hervor, daß nach De Foe's "Journal" die damaligen Wahrsager ihn zum Abzeichen ihrer Kunst vor ihren Häusern anbrachten. (Ward, Faustausg p. XXXI.)

For, if you stay, both you and all your men
Must needs be sent down straight to Limbo-den."

In anderen Dramen hat der Zauberkopf keine Berücksichtigung gefunden. Nur Ben Jonson spielt noch einmal darauf an in "Every Man in his Humour" [I. 4]:

Cob. "Oh, an' my House were the
Brazen head now! faith it would e'en speak Mo-fools yet."

Nach Ward [1]) heißt es ähnlich in "Green's Tu Quoque":

"Look to yourself, sir;
The Brazen Head has spoke, and I must leave you."

VII. Als letzte Art, die Zukunft zu erforschen und vorherzusagen, begegnet uns die Divination mit Hilfe des Zauberspiegels (magical glass, magical mirror, miraculous mirror), eine Methode, die damals unter dem Namen "Catox-tromancy" [2]) bekannt war. Greene's Friar Bacon ist in dem Besitze eines derartigen Zauberglases [3]); in ihm läßt er den Prinzen Edward das zärtliche tête-à-tête des Grafen von Lincoln mit der lieblichen Peggy (sc. VI) und die beiden Studenten den Zweikampf ihrer Väter in Fressingfield sehen [sc. III.]:

Sec. Schol. "Hearing your worship kept within your cell
A glass prospective, wherein men might see
What so their thoughts on heart's desire could wish,
We come to know how that our fathers fare.
Bacon. My glass is free for every honest man
Sit down and you shall see ere long, how
Or in what state.

---

[1]) Faustausg. p. XXIX.

[2]) Vgl. Hazlitt, Pop. Ant. III. 285: "Catox-tromancy = divination by looking Glasses".

[3]) Vgl. Goethes Faust I (Hexenküche):
Faust. „Was seh' ich? Welch ein himmlisch Bild
Zeigt sich in diesem Zauberspiegel!
O Liebe, leihe mir den schnellsten deiner Flügel
Und führe mich in ihr Gefild."

Gleich O. Ritter in seiner Königsberger Dissertation über Greene's Friar Bacon 1866. pp. 26—29, so verweist auch Ward in seiner Faustausgabe p. XXVI hierbei auf den wunderbaren Spiegel in Chaucer's Squiere's Tale (pars prima), auf das Zauberglas, das Merlins Erfindung zugeschrieben wird in Spenser's F. Q. III. 2. 18; auf den Wunderspiegel Gregors VII. u. a. m. Ich füge aus den Dramen hinzu: die magischen Spiegel John a Cumber's in A. Munday's J. K und Papst Alexander's in D. Ch.

John a Cumber benutzt sein Zauberglas, um darin das Treiben seines Rivalen John a Kent zu beobachten [J. K. act. II. Collier. p.29]:

Cumber. "Now, John a Kent, ...
What art thou doinge? Very seriously.
[Look in his glasse]
Plotting downe pastimes to delight the Ladyes."

Papst Alexander zieht den Spiegel zu Rate, um in ihm den Mörder seines Sohnes zu entdecken [D. Ch. IV. 1]:

"Alexander in his Studie beholding a
Magicall glasse with other observations."

Endlich findet das Zauberglas noch einmal Erwähnung in Fletcher's Bl. Br. IV. 2.

Hiermit sind die magischen Künste, die sich mit der Erforschung der Zukunft beschäftigen, im Drama erschöpft. Zwar unterschied man damals annähernd dreißig solcher Divinationsmethoden, wie z. B. noch die Geomantie, Rhabdomancy, Tephramantia, Capnomantia etc;[1]) doch sind sie im Drama nicht berücksichtigt worden. Nur Shakespeare spielt noch einmal auf eine der alten römischen Divinationsmethoden an, und zwar auf die Deutung der Zukunft aus den Eingeweiden der Tiere [Caes. II. 2. 37]:

Caes. "What say the augures?
Serv. They would not have yon stir forth to-day.
Plucking the entrails of an offering forth
The could not find a heart within the beast."

[1]) Vgl. Hazlitt, Pop. Ant. III, 285.

Dritter Teil.

Kapitel X.

Die Alchimie.

Die Goldmacherkunst ist im Elisabethanischen Drama durchweg mit der Kritik des Humors und des Spottes beleuchtet. Denn es galt hier, dem Volke die Augen zu öffnen über die betrügerische Kunst jener Leute, die es auf den Märkten durch die verschiedenartigsten Kunstgriffe betörten und die herbeigebrachten Kostbarkeiten nicht in den Schmelztiegel, sondern in ihre Tasche steckten. Und wenn die zahlreichen Edikte und Flugschriften jener Zeit es nicht vermocht hatten, das Volk aus seinem Glauben an eine übernatürliche Macht der Alchimisten herauszureißen, so bewirkten es die Dramatiker, indem sie das Treiben der vermeintlichen Goldmacher ins Lächerliche zogen und ihre tiefsten Geheimnisse enthüllten.

Es sind vornehmlich zwei Namen, die mit der satirischen Behandlung der Goldmacherkunst verknüpft sind, und zwar J. Lyly durch seine Gallathea (II. 3; III. 3; V. 1) und Ben Jonson durch seine Komödie "The Alchemist". Bei einem Vergleiche der beiden läßt sich leicht eine äußere und eine innere Art der Verspottung der Alchimie erkennen. Die äußere Verspottung richtet sich gegen den ungeheuren Wortschatz der Alchimisten, die Erfolglosigkeit ihrer Kunst sowie gegen die Gründe, welche die Goldmacher anführten, um sich vor dem Vorwurf der Erfolglosigkeit zu schützen. Der innere Angriff besteht lediglich in der Aufdeckung und der Darstellung der alchimistischen Betrügereien, wie z. B. der bekannte Kunstgriff mit der hohlen Kohle, das

Zerspringen des Schmelzofens, der sich im erwartungsvollen Augenblick "in fumo" auflöst, und die Forderung der Tugend und Reinheit bei den Klienten für ein Gelingen der Verwandlung. J. Lyly, der seine augenscheinlich geringe und rein äußerliche Kenntnis der Alchimie aus R. Scots's "Discouerie" und Chaucer's "Chanouns Yemannes Tale" geschöpft hatte [1]), kennt nur die erste Art der Verspottung. Die zweite Richtung dagegen, oder besser beide Richtungen zugleich sind durch Ben Jonson vertreten, der eingehend mit der Theorie der Goldmacherkunst vertraut war.

Alles das ist schon ziemlich eingehend nachgewiesen worden in einer amerikanischen Dissertation von Hathaway: "The Alcumist of Ben Jonson", erschienen als Bd. XVIII der Yale Studies in English. New-York. 1903. Ich habe daher das oben Gesagte im einzelnen nicht weiter auszuführen. Es bleibt mir über die Verspottung der Alchimie nur zu sagen, daß Ben Jonson wieder zu ihr zurückkehrt in seinem Maskenspiel "Mercury vindicated from the Alchemists", und daß die Goldmacherkunst wiederholt eine satirische Erwähnung findet in Dramen wie: Shakespeare's John III. 1. 78; Marlowe's "2 Tamberlaine" IV. 3; Ben Jonson's "Volpone" II. 2; Dekker's "Wonder of a Kingdome" act III (Works IV. 255), und Massinger's "City Madam" III. 3.

Hathaway hat in der eben genannten Arbeit zugleich die Theorie der Alchimie aus den Dramen heraus entwickelt. Auch hier füge ich nur hinzu, daß das erste Geheimmittel der Goldmacher, abgesehen von solchen Namen wie "The philosopher's stone [2])" oder "The great Elixir [3])", noch die Benennung "Great medicine" führt in B. J. Alc. II. 1 und Sh. Ant. I. 5. 36, sowie die Bezeichnung "multiplying medicine" in Sh. All's [V. 3. 101]:

King. "— Plutus himself,
That knows the tinct and multiplying medicine
Hath not in nature's mystery more science,
Than I have in this ring."

---

1) Bond, I. 401.
2) Gall. V. 1. 24, Alc. II. 3; IV. 3.
3) Alc. II. 3; Mass. C. M. III 3.

Diese letzte Bezeichnung geht zurück auf den technischen Ausdruck der Alchimisten für: Gold machen i. e. "to multiply" [1]) (Gall. II. 3. 39. 77; Fr. Bac. sc. II. 110).

Kapitel XI.

Vereinzelte Angriffe gegen den Glauben des Volkes an die Möglichkeit der Theurgie und Necromantie. Kritische Richtung gegen die Wahrsagekünste.

Mit der Verspottung der Alchimie beginnt die kritische Richtung gegen die Magie und ihre Künste überhaupt. Denn es waren keineswegs alle Dramatiker gewillt, den volkstümlichen Neigungen dieser Art zu huldigen. Selbst der Glaube des Volkes an die Möglichkeit der Geisterbeschwörung und an die Kraft der Zauberformeln konnte der Verspottung nicht entgehen. Jedoch ist zu beachten, daß sich nur vereinzelte Angriffe gegen die Theurgie und Necromantie finden, und zwar fast ausschließlich nur bei den späteren Elisabethanern.

In J. C.'s M. M.-M. erwidert Dorigene der Julia auf die Erwähnung des Schwarzkünstlers Faust [II. 2]:

"Alas poore Wench, do'st thou beleeue there can be
such an Art?"

Wohl meint Julia:

"Why, haue we not recorded, Faustus did
Fetch Bruno's wife, Duchesse of Saxonie,
In the dead time of Winter, grapes she long'd for?"

Doch Dorigene erklärt noch einmal:

"Such a report there goes, but I hold fabulous."

Fletcher gibt seinem Unwillen über diesen Aberglauben des Volkes Ausdruck in "The Fair Maid of the Inn" [V. 2]:

---

[1]) Näheres siehe in "De Multiplicatione; Theatrum Chemicum" III. 301. 818

Clown. "But if they should go to a true conjurer, and fetch
us back in a whirlwind?
Forobosco. Do not believe, there is any such fetch in astrology."

In Massinger's "Picture" ist die kritische Richtung durch Mathias vertreten, der erklärt [III. 5]:

" — though I have read the tales
Of errand-knighthood stuff'd with the relations
Of magical enchantments, yet I am not
So sottishly credulous, to believe the devil
Hath that way power."

Gegen den Glauben an die Macht der Zauberformeln richtet sich John Webster in D. of M [III. 1]:

Ferd. "Can your faith give way
To think there's power in potions or in charms
To make us love whether we will or not?
— Away! these are mere gulleries, horrid things
Invented by some cheating mountebanks
To abuse us." etc.

Derartige Angriffe steigern sich bis zu der gänzlich komischen Darstellung der Geisterbeschwörung. So tritt das Lächerliche der Schwarzkunst zutage durch Vecchio's Erklärung seiner magischen Operationen [Fl. Ch. V. 3]:

Vecchio. "Pardon for my boldness; yet 'was harmless,
And all the art I have, Sir. Those your grace saw
Which you thought spirits, were my neighbour's children,
Whom I instruct in grammar here and music,
Their shapes (the people's fond opinions,
Believing I can conjure, and oft repairing,
To know of things stolen from'em) I keep about me,
And always have in readiness."

Die Beschwörung der Toten ist von C. Tourneur satirisch behandelt in der Friedhofszene in Ath. [IV. 3]:

D'Am. "Coniure up
The Diuell and his Dame. Crie to the graues
The dead can heare thee: inuocate their help."
. . . | Charlemont rises in the disguise, and frightens
D'Ameville away |

Aehnliche Parodien auf die Beschwörungskunst finden sich noch in D. Ch. III. 5; Th.M.F. of L. III. 6; A. M. Ital. Gent. act II; Sh. Err. IV. 4; J. C. M. M-M. I. 1; Fl. F. M. J. IV. 2 und J. W. Wh. Dev. II. 3.

Was die Divinationsmethoden [1]) betrifft, so richten sich die Angriffe lediglich gegen die Astrologie und Oneiromantie. Den Charakteren des astrologischen Aberglaubens treten zunächst solche Personen entgegen, die das sittlich Verwerfliche des Glaubens an den Einfluss der Sterne geißeln. Edmund in Shakespeare's King Lear hat auf die Klage des abergläubischen Gloucester nur die Antwort [Lr. I. 2. 128]:

"This is the excellent foppery of the world, that, when we are sick in fortune, — often the surfeit of our own behaviour —, we make guilty of our disasters the sun, the moon, and the stars: as if we were villains by necessity; fools by heavenly compulsion; knaves, thieves, and treachers, by spherical predominance; drunkards, liars, and adulters, by an enforced obedience of planetary influence."

Ebenso rühmt der Kaiser in Chapman's Alph. von Lorenzo de Cyprus, daß [I. 1]:

"He learns his widsom not by flight of birds,
By hares that cross the way, by howling wolves,
By gazing on the starry element,
But from a settled widsom in itself."

Bekannt ist das entscheidende Wort, das Cassius hierüber spricht [Sh. Caes. I. 2. 140]:

[1]) Aus der franz. Lit. sei hier Nicolas Oresme erwähnt, der gegen 1370 in seiner Schrift "Des divinations" dem Glauben an die Möglichkeit der Wahrsagekünste entgegentrat.

Cass. "The fault, dear Brutus, is not in our stars,
But in ourselves, that we are underlings." [1])

In verwandter Weise sagt Fiametta in Dekker's "Wonder of a Kingdome" [Works IV. 281]:

Fiam. "In her changes
The Moone is constant, man is only varying."

Die Dramatiker schreiten ferner zur Kritik an dem Werte und der Wahrheit der Astrologie. So heißt es in C. Tourneur's Ath. [V. 1]:

"Behold, thou ignorant Astronomer
Whose wand'ring speculation seeks among
The planets for men's fortunes, with amazement
Behold thine errour and be planet struck."

Chapman richtet die Ohnmacht der astrologischen Kunst in "Byron's Conspiracy" mit den Worten [III. 1]:

"Your planets all, being underneath the earth
At my nativity what can they do?
. . . some poor cup of wine
More than I use that my weak brain will bear
Shall make them drunk and reel out of their spheres
For any certein act they can enforce "

Constantia spricht in Fletcher's Ch. [II. 3]:

"To curse those stars men say govern us
. . . will help me nothing",

und ebenso heißt es in Beaumont and Fletcher's "Knight of the Burning Pestle" [III. 2]:

---

[1]) Vgl. Illos Mahnung in Schillers Wallenstein [Picc. II. 6. 9, 1]:
". . . . . Glaub mir,
In deiner Brust sind deines Schicksals Sterne
Vertrauen zu dir selbst, Entschlossenheit
Ist deine Venus."

„Some say, however ill, the sea and women
Are govern'd by the moon; both ebb and flow
Both full of changes."

Shakespeare[1]) übt eine ähnliche Kritik an dem Werte der natürlichen Astrologie in H 4 B. IV. 4. 126 durch Clarence; in R 3 II. 3 durch den dritten Bürger; in John III. 4. 153 durch Pandulfo. Tho. Dekker erklärt die ganze Kunst der „Almanachfabrikanten" für eine Lüge, deren unverständliche Sprache nur den Zweck verfolge, das Volk zu betören und zu hintergehen (If this be not a Good Play. Works. vol. III. p. 311); desgleichen läßt dann J. Webster seinen Flamineo sprechen [Wh. Dev. V. 1]:

"A new up-start, one that swears like a falconer, and will lie in the duke's ear day by day, like a maker of almanacs."

Von hier bis zur Verspottung der Astrologie war nur ein Schritt. In Greene's "James the Fourth" fragt der König den vermeintlichen Astrologen Ateukin unter Verabfolgung einer schallenden Ohrfeige [I. 1]:

"What star was opposite, when that was thought?"

Für Alcon in Greene's L. Gl. ist der Schwanz seiner Kuh, was die Almanache für die Astrologen sind [Dyce p. 121-22]:

Alcon. " . . . besides, sir, she | = the cow | saved me every year a penny in almanacs, for she was as good to me as a prognostication; if she had but set up her tail, and have galloped about the mead, my little boy was able to say: O, father, there will be a storme; her very tail was a calender to me, and now to lose my cow! alas, master usurer, take pity upon me."

Massinger zieht die Astrologie ins Lächerliche durch die spöttischen Worte Aymer's in "The Fatal Dowry" [IV. 1]:

Aym. ". . . his vestaments sit as if . . . your tailor were deep

[1]) Vgl. C C Hense im Shak -Jahrb. Bd VIII. S. 235.

> read in astrology and had taken measure of your honourable body with a Jacob's staff, and ephemerides."

John Lyly hat der Verpottung der Astrologie einige Szenen in seiner "Gallathea" gewidmet, wie schon Hense im Shak.-Jahrb. (VIII. 227) näher ausgeführt hat. Raffe ist dem Dienste eines Sternkundigen entlaufen, der seine Nativität aus den Sternen „herauspickte", und belustigend erzählt er von dem Treiben seines astrologischen Meisters [Gall. V. 1]:

> The other | -the Astronomer standes warming himselfe by staring on the starres. He told me a long tale of Octogessimus octauus, and the meeting of Coniunctions and Planets, and in the meane-time he fell back-warde himselfe into a ponde." [1])

Ein Drama, das ganz und gar eine Satire auf die Astrologie bedeutet, ist Tomkis's Komödie "Albumazar" (1615). Leider war mir das Stück selbst nicht zugänglich, und ich kann nur auf Hathaway verweisen, der die Komödie in seiner obengenannten Arbeit über Ben Jonson's "Alcumist" bespricht (p. 85). Nach diesen Angaben läßt sich Fletcher's "Bloody Brothers" leicht als eine Parallele zu Albumazar erkennen. Auch hier tritt eine Reihe von Astrologen auf, die ebenfalls nichts Anderes als „Spitzbuben und Schurken" (five cheating rogues) sind. Sie wollen durch ihre astrologischen Warnungen vor einer angeblichen Gefährdung von Rollo's Leben durch Aubrey nur den Tod des letzteren herbeiführen (IV. 2), werden jedoch bald als Schwindler und Betrüger erkannt und verfallen der Reihe nach dem Tode durch den Strang (V. 1). Auch Massinger's "City Madam" ist nichts Anderes als eine beißende Satire auf den astrologischen Aberglauben seiner

---

[1]) Vgl Chaucer's "Milleres Tale" v. 3457;

"So ferde another clerk with astromye:
He walked in the feeldes for to prye
Up-on the sterres, what ther sholde bifalle
Til he was in a marle-pit y-falle."

Dieselbe Anspielung findet sich in "Fabulae Aesopicae plures quingentis". Lyons. 1571, und in "Whitney's Emblems." 1586. (vgl. Bond II 572).

Zeit, und der im Dienste der Lady Frugal stehende Astrologe Stargaze muß schließlich selbst ausrufen [C. M. IV. 4]:

"O cursed stars
That reign'd at my nativity! how have you cheated
Your poor observer."

Etwas weniger scharf tritt das Verwerfliche des Glaubens an die Bedeutung der Träume hervor. In Lyly's "Sapho and Phao" ist die kritische Richtung gegen die Oneiromantie durch Eugenua vertreten, die vor den Hofdamen erklärt [S Ph. IV. 3. 44]:

"Dreames are but dotings, which come either by things wee see in the day, or meates that we eate, and so flatter the common sense, preferring it to bee the imaginitiue."

In Shakespeare's "Romeo and Juliet" wird die Rolle der Hofdame Lyly's von Mercutio übernommen [Rom. I. 4. 96]:

"True, I talk of dreams
Wich are the children of an idle brain
Begot of nothing but vain fantasy."

Wie Aeneas in Marlowe's D. Q. of C. den mahnenden Träumen trotzt, die sein nächtliches Bett beschleichen (IV. 3.), so spricht auch der durch einen "furchtbaren" Traum aus dem Schlafe geweckte Charlemont in Tourneur's Ath. [II. 6.]:

O, . . Dreames are but the rais'd
Impressions of premeditated things
By serious apprehensions left upon
Our mindes, or else th' imaginary shapes
Of obiects proper to th' complexion or
The dispositions fo our bodyes. . . . . .
Tush! These idle dreames
Are fabulous. . . . I would not leaue
The warre, for reputation's sake, upon
An idle apprehension, a vaine dreame."

Als „leere Phantasie“ und „eitler Tand“ wird der Traum bezeichnet in Chapman's Rev. of Hon. II. 2 und in Shakespeare's Wint. III. 3. 39; Ado I. 2. 21; IV. 1. 67; John IV. 2. 145; H 4 B V. 5. 55; Gentl. V. 4. 26; Tp. I. 2. 45; IV. 1. 157.

Kapitel XII.

Verhältnis der Astrologie zur Medizin. Beziehungen der magischen Künste unter einander. Höhepunkt der kritischen Richtung gegen die Magie.

Es war in jener Zeit nicht selten, daß ein Arzt sich mit der Sterndeuterei beschäftigte und das Studium der Astrologie mit dem Studium der Medizin verband. Jerome Cardan (1510—1576) war bekanntlich der größte Arzt und zugleich der größte Astrologe seiner Zeit. Nach seinem Tode fuhr man fort, die Sterndeuterei als einen Teil der Medizin zu betrachten, ja, viele suchten die Krankheiten sogar ausschließlich mit Hilfe der Ephemeriden d. h. der astrologischen Almanache zu erkennen und zu heilen.[1]) Ganz entsprechend bezeichnet Ben Jonson seinen Subtle als den:

> "Faustus, that cures plague, piles and pox by the Ephemerides“ (Alc. IV. 7).

Aehnlich heißt es an einer anderen Stelle von Subtle [B. J. Alc. II. 3]:

> "— h'is a rare physician, — —
> An excellent Paracelsian! and has done
> Strange cures with minerall physicke.“

Das Volk ging schließlich so weit, daß es die Ausübung der Wahrsagekunst, ja der Magie überhaupt, nur als eine Ausdehnung

---

[1]) Auch Forman, so wird berichtet, erklärte i. J. 1593, vor das „Collegium der Aerzte“ zitiert, daß er keine andere Hilfe für die Heilung der Krankheiten in Anspruch genommen habe als die Ephemeriden.

der Beschäftigung der Mediziner ansah. Glister in Middleton's F. of L. ist weithin bekannt als ein in den Geheimwissenschaften sehr bewanderter Arzt (II. 4), den Gudgeon geradezu einen Wahrsager nennt (III. 5).

Nur so war es möglich, daß sich im Laufe jener Zeit zwei Typen herausbildeten, die man als ein Gemisch von Arzt, Wahrsager und Zauberer anzusehen hat, und denen es nicht schwer wurde, die Leichtgläubigkeit des Volkes in der ergiebigsten Weise auszubeuten, nämlich:

1. Der "Quacksalber" (quack, mountebank), und
2. Die "kluge Frau" (cunning woman, wise woman).

Mit der Zeichnung dieser beiden Typen und der Bloßstellung ihrer Betrügereien erreicht die kritische Richtung gegen den Glauben des Volkes an die Magie ihren Höhepunkt.

Ben Jonson hat in Subtle zugleich den vollendetsten alchimistischen Schwindler wie den vollkommensten Quacksalber gezeichnet, der uns im Elisabethanischen Drama begegnet. Es geht schon aus früher Gesagtem hervor, daß Jonson's Goldmacher auch die Personen des Zauberers[1]), des Astrologen[2]) wie des Arztes[3]) in sich vereinigt, und daß er in der Chiromantie[4]) und Metoposcopie[5]) erfahren ist. Ein Teil der Betrügereien dieses "compound-quack's", dem die verschiedenen Personen des Stückes zum Opfer fallen, ist im Argument der Komödie zusammengefaßt mit den Worten [Alc. Arg. 9]:

"Much company they draw, and much abuse
In casting figures, telling fortunes, newes,
Selling of flyes, flat bawdry, with the stone:
Till it, and they, and all in fumo are gone."

Zur Ergänzung spricht Surly in dem Streite mit Subtle [Alc. I. 1]:

"I will . . . haue all thy tricks
Of cosning with a hollow cole, dust, scrapings,
Searching for things lost, with a siue and sheeres,
Erecting figures in your rows of houses,

---

[1]) Vgl. pp. 59; 66. [2]) Vgl. p. 81. [3]) Vgl. p. 107. [4]) Vgl. p. 92. [5]) Vgl. p. 93.

And taking in of shaddowes with a glasse
Told in red letters."

In "Volpone or the Fox" läßt Ben Jonson einen ähnlichen Quacksalber auftreten, der seine Wunderkräuter in den Straßen anpreist (II. 2). In Fletcher's "The Fair Maid of the Inn" tritt uns ein solcher "Schwindler" in der Person Forobosco's entgegen. Der Marktschreier läßt Plakate anschlagen, welche „die Heilung sämtlicher Krankheiten, die Wiedererlangung gestohlener Güter und tausend solche Unmöglichkeiten" ankündigen (F. M. I. II. 2); er ist in der Medizin und der Geisterbeschwörung erfahren (IV. 2.), wird aber schließlich entlarvt und mit seinem Narren zu den Galeeren geschleppt (V. 3).

Was die zweite Art dieser "impostors" angeht, so haben zwei Dramatiker je eine Komödie nach einer solchen Betrügerin benannt, nämlich Lyly seine "Mother Bombie" und Heywood "The Wise-Woman of Hogsdon".

Von den mannigfaltigen Beschäftigungen der Mother Bombie hören wir durch Serena [M. B. III. 1]:

"They say there is hard by an old cunning woman who can tell fortunes, expound dreams; tell of things that be lost, and deuine of accidents to come."

In der Tat sagt Mother Bombie das Schicksal Dromio's, Risio's und Vicinia's voraus (III. 4; V. 2); sie deutet die Träume Lucio's und Halfpenny's (s. Oneiromantie Kap. IX.), klärt Rixula über den verlorenen Löffel auf (III. 4) und liest die Zukunft des Maestius und der Serena aus den Linien ihrer Hände (siehe Chiromantie). Lyly's kluge Frau scheint eine Ausnahme unter ihren Genossinnen zu machen, wenn sie zur Belohnung für ihre Kunst nicht Geld, sondern nur gute Worte nehmen will (III. 4). Zwar ist sie allgemein bekannt als „die gute Frau, die noch niemals verletzte" (III. 1), doch beurteilt Maestius ihr Treiben etwas richtiger, wenn er in derselben Szene erklärt: "... each of us is a foole to come for counsell tu such an olde foole. — These olde sawes of such olde hags are but false fires to leade one out of a plaine path into a deep pit."

Vollendeter in ihrer Art als Mother Bombie ist Heywood's "Wise-Woman of Hogsdon". Sie selbst unterrichtet uns von den unzähligen Künsten, durch deren Ausübung sie, dank der Leichtgläubigkeit des Volkes, ihren Lebensunterhalt gewinnt [W.-W. of 4. III. 1]:

> "Let me see how many trades have I to live by: First, I am a wise-woman, and a fortune-teller, and under that I deale in physicke and forespeaking, in palmistry, and recovering of things lost. Next I undertake to cure mad folkes. Then I keep gentlewomen lodgers, to furnish such chambers as I let out by the night; then I am provided for bringing young wenches to bed; and for a need, you see, I can play the matchmaker. Shee that is but one, and professeth so many, may well be tearmed a wise-woman, if there bee any."

In derselben Komödie nennt Heywood noch folgende kluge Frauen als damals sehr bekannt: Mother Nottingham, Mother Bombye,[1]) Mother Sturton, Mother Phillips und Mistris Mary (II. 1). Shakespeare erwähnt dazu noch die weise Frau von Brentford, die mit Hilfe ihrer Kunst entdeckt [Wiv. IV 5. 27]:

> " — that the very same man that beguiled Master Slender of his chain cozened him of it."

Daß England mit derartigen Betrügern und Betrügerinnen damals geradezu überschwemmt war, geht besonders hervor aus den Worten, die Forobosco in Fletcher's F M. I spricht [V. 2]:

> "I am weary of this trade of fortune-telling and mean to give all over, when I come into England; for it is a very ticklish quality. Besides, the Island has too many of the profession; they hinder one another's market"

---

[1]) Mother Bombie scheint die bekannteste kluge Frau ihrer Zeit gewesen zu sein; denn sie wird, abgesehen von J. Lyly's gleichnamiger Komödie, noch erwähnt von dem Herbalisten Gerarde in seiner „Historic of plants" p. 581 (vgl. Douce, "Illustrations of Shakespeare and of Ancient Manners". 1807. vol. I. p. 101).

Der Clown desselben Stückes beweist dann zugleich, daß England ein gar ergiebiges Feld für alle diese Quacksalber und kluge Frauen ist, wenn er zu dem Betrüger Forobosco spricht [II. 2]:

"In England we could cozen 'em as familiarly as if we had travell'd with a brief or a lottery."

Schlußerörterung.

Es war ganz erklärlich, wenn die Dichter des Elisabethanischen Zeitalters dem Glauben des Volkes an die Möglichkeit der Magie huldigten, und Zauberer und Zauberei, Wahrsager und Wahrsagerei in ihre Dramen einführten, solange nicht die Auflärung der Magie und der abergläubischen Anschauungen durch die Wissenschaft erfolgt war. Doch schon der Wechsel zwischen starker Ermutigung des Glaubens an die Magie durch ausgeprägte Zauberdramen und scharfer Satire auf die Alchimie, Astrologie und andere magische Operationen beweist, daß bereits die ersten Strahlen der Sonne der Wissenschaft begonnen hatten, den Nebel zu zerstreuen, der jahrhundertelang den abergläubischen Sinn des Volkes umnachtet hatte. Und je mehr dann den magischen Wissenschaften der Boden unter den Füßen wankte, um so deutlicher ergab sich die Unmöglichkeit, die Magie als solche im Drama zu verwenden. In der Tat, was durch die kritische Richtung der späteren Elisabethaner angebahnt wird, ist im weiteren Verlaufe die Regel: die Magie bleibt im allgemeinen ein Gegenstand satirischer und spöttischer Anspielungen, abgesehen davon, daß das bedeutendste Zauberdrama des Elisabethanischen Zeitalters, Marlowe's "Tragical History of Doctor Faustus", sich als Zauberposse bis ins 18. Jahrhundert hinein in England fortsetzt.

Zeitfracht Medien GmbH
Ferdinand-Jühlke-Straße 7
99095 Erfurt, Deutschland
produktsicherheit@kolibri360.de